高速铁路非正常接发列车作业指南

本书编委会　编

中国铁道出版社有限公司

2026年·北　京

内 容 简 介

本书是高速铁路非正常接发列车作业培训教材。全书以高速铁路相关规章、标准、文电为依据，对相关知识点进行了有机结合，对设备故障导致的非正常接发列车和特殊情况下的应急处置利用情景进行了详细讲解，主要包括：高速铁路非正常行车基本要求、高速铁路特殊情况下接发列车有关规定、应急处置流程、非正常接发列车实例讲解等内容。

本书可作为高速铁路车务人员非正常接发列车作业的培训教材，也可供高速铁路车务人员日常自学使用。

图书在版编目(CIP)数据

高速铁路非正常接发列车作业指南/本书编委会编．—北京：中国铁道出版社有限公司，2024.5(2026.3 重印)

ISBN 978-7-113-31161-2

Ⅰ．①高… Ⅱ．①本… Ⅲ．①铁路车站-车站作业-指南 Ⅳ．①U292.15-62

中国国家版本馆 CIP 数据核字(2024)第 075765 号

书　　名：高速铁路非正常接发列车作业指南

作　　者：本书编委会

责任编辑：黄　筱　　**编辑部电话：**(010)51892548

封面设计：郑春鹏

责任校对：安海燕

责任印制：高春晓

出版发行：中国铁道出版社有限公司(100054，北京市西城区右安门西街 8 号)

网　　址：https://www.tdpress.com

印　　刷：河北宝昌佳彩印刷有限公司

版　　次：2024 年 5 月第 1 版　2026 年 3 月第 2 次印刷

开　　本：787 mm×1 092 mm 1/16　**印张：**8.75　**字数：**216 千

书　　号：ISBN 978-7-113-31161-2

定　　价：42.00 元

编委会

前　言

非正常接发列车是影响高速铁路行车安全的关键环节，也是事关应急处置成败的主要因素。为进一步增强干部职工对高速铁路非正常接发列车作业要领的理解掌握，不断提高非正常情况下应急处置水平，从而有效提升非正常应急处置全过程安全把控能力，中国铁路北京局集团有限公司运输部和职工培训部组织编写了《高速铁路非正常接发列车作业指南》。

本书将《铁路技术管理规程》《高速铁路行车组织细则》《铁路运输调度规则》《铁路接发列车作业》等规章、标准、文电中的相关知识点进行了有机结合，采取实例的方式，对设备故障导致的非正常接发列车和特殊情况下的应急处置利用情景进行了详细讲解，特别是针对 CTCS-3 级和 CTCS-2 级区段接发列车作业分为不同场景进行了详细表述。为方便大家学习，本书采用图文结合、案例引导的方式，内容通俗易懂，具有较强的可操作性。通过学习，作业人员可有效克服非正常接发列车过程中处置错误、处置不畅、用语不标准，以及程序颠倒、程序丢漏、登记错误等问题。

本书由郭风冬、王国满、王永成担任主编。第一章由郭风冬、张博编写，第二章由王国满、解立群、王永成、邓小辉、施腾跃、孙明腾、郭洪文、张志伟编写，第三章由刘海兵、温守强、段兵、郭风冬、张鑫、赵子洪、董飞、蒋长虎编写，第四章由郭风冬、吴海青、姚健、郭明、冯琳、孟凡水、王欢编写。全书经孙毅、段志远、孙伟、卢智、吴兴军、孙强、陈德峰、吴明辉、王鑫磊、弓文涛、周艳军等集体审定。

书中不妥之处，恳请读者指正。

本书编委会

2024 年 3 月

目录

第一章　高速铁路非正常行车基本要求

一、高速铁路非正常行车

高速铁路非正常行车是指高速铁路固定设备（线路、信号、联锁、闭塞、供电等）、移动设备（机车、车辆等）发生故障、施工维修影响或发生自然灾害等特殊情况下，造成相关行车设备不能正常使用，或相关人员无法按照正常作业方式和作业办法进行铁路运输生产组织，而采取的特殊行车或作业方式。

二、高速铁路非正常行车的原则

1. 先处置后汇报的原则

遇自然灾害、设备故障、行车事故等突发情况时，应首先采取处置措施，避免影响程度进一步扩大，然后再按照规定进行信息通报。总结以往处置经验，可归纳为以下几点。

(1)“听”：即听清楚现场人员汇报的具体情况，包括发生地点、影响程度、本列状态等，要对相关信息进行原本记录，防止关键性信息丢漏，确保对现场汇报的信息准确掌握。

(2)“看”：通过 CTC、联锁、视频监控等系统，对管辖范围内设备状态、列车运行、报警信息等进行监视，发现异常及时进行核实并处置，同时确认“看”的现象与“听”的信息是否一致，为下一步的正确判断奠定基础。

(3)“问”：要问明白事件发生及发展的关键环节，要问具体各专业需采取的运行限制条件，要问清楚时间和空间、纵向和横向间的联系。

(4)“判”：根据现场汇报、视觉确认及相关询问的结果，判断对设备使用、后续运行、邻线列车等的基本影响情况。

(5)“断”：即采取果断措施，牢固树立“停下来”或“慢下去”是有利于行车安全的最有效手段，根据具体影响及时采取扣停列车、限速运行、降弓通过等控制措施，避免错误放行导致事件进一步升级。

2. 规章统领的原则

非正常接发列车的核心是安全，而规章、制度、预案、措施是保障安全的首要前提，也是一切工作所围绕的“纲”。不以规章制度为遵循的作业就是事故隐患，不以措施标准为约束的作业就是盲目蛮干。

在非正常接发列车作业过程中，如何才能做到规章统领呢？

(1)要正确理解和把握规章制度的适用性。发生故障或应急时，首先方向必须正确，即要判断此类现象到底应该使用什么规章去处置、条款内容是否明确、适用性是否存在疑问；其次执行落实须不打折扣，即整个作业过程中每个处置环节都要有规章制度做支撑，不做无规定的事、不说无依据的话、不组织无条件的车。

(2)要做好不同种类规章制度之间的有机融合。规章、制度、预案、措施等之间存在着千丝万缕的关系，既相互支撑，又相互弥补，而非正常行车往往参与的部门广、关联的因素多、涉及的环节杂，因此，要统筹考虑各种规章制度间的同异，防止只见树木不见森林等问题的发生。

3. 流程引导的原则

自 2008 年京津城际铁路开通以来，我国高速铁路在自然灾害、故障处置、应急响应、安全治理等方面积累了丰富的经验，基本形成了比较成熟的非正常应急处置方案，相关场景间细节虽不尽相同，但万变不离其宗，把握好处置过程中的关键环节，则事半功倍。

(1)根据设备特点，结合规章制度要求，分类别制定各种场景下的处置流程，尽量使非正常接发列车应急处置模板化。

(2)突出对流程中关键点的标注和识别，处置流程不要照搬规章或预案条款，要做到简洁明了、重点突出。

(3)要利用日常学习、培训、演练等方式对流程进行验证，总结经验、弥补不足。

(4)在实际作业过程中，防止让流程成为摆设，要以对应的流程为引导进行操作，杜绝在非正常应急处置过程中人为的无依据创新，造成流程和执行不一致等现象。

第二章　高速铁路特殊情况下接发列车有关规定

一、人工办理进路的规定

人工办理进路接车前，必须亲自或通过有关人员确认接车线路空闲、影响进路的调车作业已经停止后，方可准备进路、开放进站信号机，准备接车；人工办理进路发车前，确认影响进路的调车作业已经停止后，方可准备进路、开放出站信号机，交付行车凭证。

下达准备接发车进路命令时，必须简明清楚，正确及时，讲清车次和占用线路（一端有两个及以上列车运行方向或双线反方向行车时，应讲清方向、线别），并要受令人复诵，核对无误。

人工准备进路时，应严格按照接发列车命令、调车作业计划执行。在扳动道岔、操纵信号时，认真执行"一看、二扳（按）、三确认、四显示（呼唤）"制度；对进路上不该扳动的道岔，也应认真进行确认。

其他人员接发列车进路准备完了后，应及时报告车站值班员或列车调度员（能从设备上确认的除外）。

二、相对方向同时接车和同方向同时发接列车的规定

进站信号机外制动距离内，进站方向为超过6‰的下坡道，而接车线末端无隔开设备时，禁止办理相对方向同时接车和同方向同时发接列车（仅运行动车组列车的区段除外）。

在接发列车的同时，接入列控车载设备及列车运行监控装置均故障的动车组列车、制动力部分切除的动车组列车、列车运行监控装置或轨道车运行控制设备故障的其他列车，而接车线末端无隔开设备时，禁止办理相对方向同时接车和同方向同时发接列车。

注：列控车载设备及列车运行监控装置均故障的动车组列车应为隔离模式控车的动车组列车。

相对方向不能同时接车时，应先接不适于在站外停车的列车、停车后起动困难的列车或后面有续行列车的列车。

遇两列车不能同时接发时，原则上应按列车运行计划顺序接发。

仅运行动车组列车的区段，进站信号机外制动距离内，进站方向为超过6‰下坡道，接发动车组以外的其他列车而接车线末端无隔开设备时，禁止办理相对方向同时接车和同方向同时发接列车。

三、取消进路的规定

人工办理时，开放信号机的时机在《高速铁路行车组织细则》中规定。出站信号机已开放或行车凭证已交付，如需取消发车进路，列车调度员（车站控制时为车站值班员）应与司机联

系，确认列车尚未起动，收回行车凭证后，再取消发车进路。

四、人工办理进路时开闭信号机的补充规定

1. 进站、出站、进路信号机开放时机的规定：

(1)集中联锁设备禁止办理预排。

(2)人工办理进路开放信号时，列车调度员（车站值班员）在确认接发列车进路条件后方可办理。

接发动车组列车时，不迟于列车到达前 3 min 开放进站（进路）信号，不迟于列车出发前 1 min开放出站（进路）信号；接发动车组以外的其他列车时，不迟于列车到达前 5 min 开放进站（进路）信号，不迟于列车出发前 2 min 开放出站（进路）信号。

2. 进站（接车进路）信号机开放后关闭信号变更进路的规定：

(1)关闭信号、变更进路的限制。

进站（接车进路）信号机开放后，除危及行车和人身安全等情况时，禁止关闭进站（进路）信号。

(2)必须变更时的办法。

遇危及行车和人身安全等特殊情况必须变更进路时，列车调度员（车站值班员）与司机联系妥当后方可办理。

五、接发车线路使用的规定

接发列车应在正线或到发线上办理，并应遵守下列原则：

1. 旅客列车应接入规定线路。

2. 动车组列车在车站办理客运业务时，须固定股道、固定站台、固定停车位置。动车组列车遇特殊情况需变更办理客运业务的固定股道时，须经调度所值班主任（值班副主任）准许。

3. 通过列车原则上应在正线办理。原规定为通过的旅客列车由正线变更为到发线接车及动车组列车、特快旅客列车遇特殊情况必须变更基本进路时，须经列车调度员准许，并预告司机；如来不及预告时，应使列车在站外停车后，开放信号机，再接入站内。

4. 动车组列车按列控车载设备方式行车时，禁止在未设置列控信息的股道及进路上接发。

六、在正线、到发线上调车作业的规定

1. 在正线、到发线上调车时，须经过列车调度员（车站控制时为车站值班员）准许。

2. 接发列车时，应按《高速铁路行车组织细则》规定的时间，停止影响列车进路的调车作业和对列车运行安全有影响的其他作业。

3. 接发旅客列车时，与接发列车进路没有隔开设备或脱轨器的线路，不准向能进入接发列车进路的方向调车。本务机车在停留线路内摘挂除外。

4. 同一股道只允许一端调车作业，禁止两端同时向同一股道排列调车进路。

5. 调车作业中，应执行钩钩联系制度：每钩作业前，司机（调车指挥人）应主动向列车调度员（车站负责办理调车进路时为车站值班员或车务应急值守人员）请求进路；进路准备妥当后，列车调度员（车站值班员或车务应急值守人员）方可通知司机（调车指挥人）。

七、动车组越出站界调车的规定

1. 越出站界调车时，必须区间（自动闭塞区间正方向为第一个闭塞分区）空闲，单线区间闭塞系统必须在发车位置；由列车调度员发布准许越出站界调车的调度命令后，方可进行。

2. 越出站界调车期间，相邻站（线路所）禁止向该区间放行列车。越出站界调车作业完毕，司机或调车指挥人应报告列车调度员（车站负责办理调车进路时为车站值班员或车务应急值守人员）。车站值班员、车务应急值守人员应及时报告列车调度员，列车调度员通知两端站（线路所）后方可组织行车。

3. 需在未设调车信号机的线路上调车作业时，根据需要可按越出站界调车作业办理，办理列车进路（进、出站信号机常态为灭灯时，应点灯），由列车调度员发布准许越出站界调车的调度命令，司机根据调度命令和进、出站信号机的显示进行调车作业。

4. 动车组越出站界调车时，列车调度员（车站值班员）确认动车组全部进入区间后，通知动车组司机停车，司机换端后报告列车调度员（车站值班员），列车调度员（车站值班员）接到司机问路请求后方可排列进路，开放信号。

5. 出站时开放出站信号按部分监控模式开车（如出站引导信号开放时按引导模式运行）；进站时开放进站信号机（含引导信号）按 CTCS-2 级调车模式运行，调车时最高运行速度不超过 40 km/h。

八、电动转辙机钥匙、手摇把保管使用的规定

1. 电动转辙机钥匙、手摇把的配备及保管制度：

（1）电动（液）转辙机备用钥匙、手摇把由电务部门根据不同的转辙机型号配备，统一编号、登记造册，一式两份，分别由电务、车站存档备查。

（2）手摇把保管箱设置在车站行车室内，由车务应急值守人员保管。由车站、电务双方加锁，电务加封，钥匙由车务和电务分别保管。

2. 电动转辙机钥匙、手摇把使用办法：

（1）需要使用时，使用单位在车站《行车设备检查登记簿》内登记，注明使用单位、起止时间、编号、数量、使用原因，经车务应急值守人员签认后方可开锁，取出使用。

（2）使用手摇把，调度集中控制模式下（车站操作方式除外），车务应急值守人员须取得列车调度员的同意。

3. 电动转辙机钥匙、手摇把收回规定：

使用后，要及时收回、销记，由车站、电务双方人员清点数量、核对编号、共同加锁、加封。

九、CTC 准备进路规定

在 CTC 车站操作方式下：

（1）正常情况下，应使用自动触发方式办理进路。

（2）遇系统不能自动触发时应采取人工触发方式办理进路。

（3）以上两种方式均不能办理时，方可采取按钮排列进路的方式人工排列列车进路。

自动触发：CTC 系统根据本站站细规则、阶段计划信息、车次追踪信息、当前信号道岔设备状态等一系列约束条件，在合适的接近区间，或指定的提前时间量到达时，自动按计划排列

接发车进路,无需人工干预。自触设置好了以后车站值班员须口呼:"自触设置好。"

注:对于反方向发车,考虑到需要进行改方等操作,CTC自律机接收到反向的发车计划时,会默认修改为人工触发方式,使用人员确认办理好了反方向行车的手续后,可以选择人工触发此进路,或修改为自动触发。

人工触发:人工从现有的进路序列中选择一条进路,开始进行排列进路操作,不再等待自动触发时系统规定的触发时机。

人工排路:人工点击进路始、终端按钮建立进路,跟传统的计算机联锁操作类似。

人工排路有两种方式:

(1)正式办理方式:系统会要求用户为当前人工办理的这条进路指定车次号(系统会选择从此方向开来的第一趟列车的车次),如果用户确认后,系统会根据该车次号,在当前进路序列中进行对比检查,当人工建立的进路与进路序列窗口中这一车次的进路吻合时,进路序列中这一进路也会显示其状态为触发执行。

(2)强制执行方式:如果用户要排列的接车进路无需匹配车次(例如实验需要)或计划中找不到匹配的车次时,则可采取"强制执行"方式。强制执行方式不进行车次一致性、超限、站台等条件的检查,只是联锁条件满足即可排列进路。此方式排路不向机车发送接车进路预告信息。

十、接发动车组列车时开行路用、救援列车的规定

在动车组列车运行时段内,特殊情况需开行路用、救援列车(利用动车组、单机担当救援时除外)时,列车调度员口头通知邻线会车范围内运行的动车组列车司机限速160 km/h运行。

十一、按隔离模式运行的列车开出后,对开行后续列车的规定

动车组列车按隔离模式由车站开往区间时,须按站间组织行车,列车按地面信号显示运行,待该列车到达前方站后方可放行后续列车。

十二、确认列车组织

高速铁路仅运行动车组列车的区段,天窗结束后开行动车组列车前,应开行确认列车,确认列车开行纳入列车运行图。

其他区段,天窗结束后首趟列车不准为动车组列车;扰动道床不能预先轧道的线路、道岔施工区段,施工开通后第一趟列车不准为旅客列车。

十三、集中联锁道岔联锁失效时准备接发列车进路

1. 检查或确认线路、道岔空闲:

集中联锁道岔联锁失效时,根据列车调度员的指示,车站值班员指派工务、电务人员按规定检查、确认线路、道岔空闲,并在《行车设备检查登记簿》内签认。

2. 现场准备进路、确认进路正确(按照先室外、后室内的原则办理):

(1)车站值班员布置电务、工务人员现场准备进路时,须使用《现场准备列车进路登记簿》,注明"×次×道接(发)车,现场准备进路,×号道岔定位(开通×号道岔或开通×股道)、×号道岔反位(开通×号道岔或开通×股道)",与电务人员双方签认。

(2)现场准备接发车进路时,电务人员负责道岔加锁,工务人员负责道岔紧固。电务人员确认道岔位置正确并加锁后通知工务人员紧固,工务人员紧固完毕通知电务人员。

(3)电务、工务部门现场准备进路完毕,确认道岔开通位置正确、按规定加锁、紧固,电务人员在《现场准备列车进路登记簿》内登记"×次×道接(发)车,×号道岔定位(开通×号道岔或开通×股道)、×号道岔反位(开通×号道岔或开通×股道)",高铁车站值班员签认。

现场准备列车进路登记簿样本见表 2-1。

表 2-1　《现场准备列车进路登记簿》样本

布置准备进路	道岔号码及开通位置	布置准备进路签认	进路准备妥当签认
×次×道接(发)车,现场准备进路	×号道岔定位(开通×号道岔或开通×股道)、×号道岔反位(开通×号道岔或开通×股道)	车站:××× 电务:××× 日期: 时间:	×次×道接(发)车,×号道岔定位(开通×号道岔或开通×股道)、×号道岔反位(开通×号道岔或开通×股道)。 电务:××× 车站:××× 日期: 时间:

注:日期、时间均由高铁车站值班员填写。

十四、CTC 区段防错办安全控制措施

1. 严格按规定办理 CTC 控制模式转换手续,禁止随意转换控制模式。除危及行车安全必须立即转换为非常站控外,必须在盯控干部到岗并同意后,方可办理控制模式转换手续。中心操作的车站(线路所)不得擅自转为车站操作或非常站控办理接发车,分散自律控制模式下车站操作的车站(线路所)不得擅自转为非常站控办理接发车。各单位必须认真编制审核施工(维修)计划,不符合转非常站控施工(维修)条件的,不得提出非常站控转换要求。

2. 分散自律控制模式下的车站操作方式办理接发列车,具备进路触发功能时,不得采用点击始、终端按钮的方式排列进路。因设备故障等原因必须采用点击始、终端按钮方式排列进路或转为非常站控模式办理接发车时,盯控干部必须上岗盯控,严把车次、方向、进路关。

3. 严禁擅自修改列车车次,车站值班员发现列车车次错误时,必须第一时间报告列车调度员,经核对一致后,依据列车调度员指示按以下规定办理。

(1)站内停车列车发生车次号错误时,车站控制的车站由车站值班员负责修改车次,中心操作方式由助理调度员或列车调度员负责修改车次。车次修改正确后按规定开放信号。

(2)区间发生车次号错误时,两端站为车站控制的车站由接车站车站值班员负责修改,中心操作方式由助理调度员或列车调度员负责修改。遇车次修改滞后或车次遗留造成车次框未跟随光带移动时,应重新修改。

4. 遇进路序列错误时,车站值班员不得擅自删除进路序列,应立即报告列车调度员,判明原因。确需删除时,经列车调度员准许后方可删除。删除后,列车调度员重新下达阶段计划,车站值班员按新的阶段计划执行。

5. 严禁使用"强制执行"方式作为常态的进路准备方式。特殊情况，在CTC调度或车务终端确需采用"强制执行"开放信号时，必须根据列车运行计划或调车作业计划，口呼弹出的对话框内容并确认正确，具备办理进路条件后，方可点击"强制执行"，杜绝不确认报警对话框内容，盲目点击"强制执行"按钮问题发生。

6. 列车调度员应及时编制、下达阶段计划，遇阶段计划变更时，列车调度员应通过CTC重新下达。车站值班员要根据列车调度员下达的计划，逐条核对进路序列中的车次、时刻、股道、进路，确认无误后方可执行。进路序列与阶段计划不符时，须立即报告列车调度员，重新下达阶段计划。

十五、调度所、车站CTC及联锁设备全部灰屏的应急处置

1. 车站值班员立即通知已进入故障关系区间的列车司机立即停车、不再向该区间放行列车，汇报列车调度员，并通知电务部门，登记《行车设备检查登记簿》(故障登记)。

2. 列车调度员根据电务部门登记的行车限制条件(设备停用范围)，通知车站值班员组织工务、电务人员现场人工准备进路。

3. 车站值班员使用《现场准备列车进路登记簿》，布置电务、工务人员现场准备进路。

(1)车站值班员在《现场准备列车进路登记簿》中注明"×次×道接(发)车，现场准备进路""×号道岔定位(开通×号道岔或开通×股道)、×号道岔反位(开通×号道岔或开通×股道)"，与电务人员双方签认。

(2)电务、工务人员根据车站值班员准许上道作业的通知上道，电务人员现场操纵道岔(包括防护道岔)，工务人员配合。

(3)现场准备进路完毕，电务人员确认道岔开通位置正确后将道岔加锁，工务将道岔紧固。

(4)电务人员在《现场准备列车进路登记簿》内登记："×次×道接(发)车，×号道岔定位(开通×号道岔或开通×股道)、×号道岔反位(开通×号道岔或开通×股道)"，车站值班员确认无误后签认。

(5)车站值班员汇报列车调度员："×次×道接(发)车"，现场进路准备完毕。

4. 列车调度员得到现场进路准备完毕、道岔加锁良好、作业人员已撤离至安全地点的汇报后，对已进入区间的列车，列车调度员确认列车至前方站(线路所)间空闲后，通知司机逐列恢复运行，指示后列恢复运行前必须得到前列已完整到达前方站(线路所)，并发布调度命令通知列车进站(出站)。

5. 设备故障修复，列车调度员根据电务部门的销记，通知有关列车司机、车站恢复正常行车。

十六、调度所CTC设备有显示，车站CTC、联锁设备全部灰屏的应急处置

1. 车站值班员立即通知已进入故障关系区间的列车司机立即停车、停于站内的列车停车待命，汇报列车调度员，并通知电务部门，登记《行车设备检查登记簿》(故障登记)。

2. 电务部门确认设备情况，分别在车站、调度所《行车设备检查登记簿》(故障登记)进行登记。

3.《高速铁路行车组织细则》中，规定调度集中基本操作方式为车站操作方式的车站，电务部门登记调度所CTC设备正常时，可按CTC中心操作方式继续正常组织行车；电务部门登记

调度所CTC设备故障无法使用时，按“调度所、车站CTC及联锁设备全部灰屏的应急处置”规定办理。

4.设备故障修复，列车调度员根据电务部门的销记，通知有关列车司机、车站恢复正常行车。

十七、处理列车扒乘人员的规定

1.铁路工作人员发现有扒乘人员，应报告列车调度员(车站值班员)，车站值班员报告列车调度员。对车站到达、出发的列车应安排在本站停车处理，对通过列车或在区间运行的列车应安排在前方站停车处理。

2.需在接触网带电线路上处理车顶的扒乘人员时，车站应向列车调度员提出停电申请，列车调度员通知供电调度员停电，按规定办理停电手续，列车调度员得到供电调度员接触网已停电的签认，发布准许登顶作业的调度命令。车站根据供电部门接触网已停电接地的登记和列车调度员发布的准许登顶作业的调度命令，组织处理扒乘人员，登顶作业人员登顶作业前，需确认地线已接好。

十八、高铁人工误报点后处置流程

车站值班员人工操作CTC电子行车日志过程中，如误点击“本站到达”“本站出发”，将造成未执行的列车进路序列默认为已执行，从而使列车进路无法触发。此种情况下，只能通过按压始终端按钮、“强制执行”的方式办理进路，现将处置流程规范如下：

1.误点击“本站到达”，接车进路默认为已执行，列车显示本站已到达，本次列车收不到接车进路预告信息。

(1)汇报列车调度员。

(2)确认发车进路序列正确，使用“自动触发”方式准备发车进路。

(3)人工排列接车进路。点击进路始端按钮＋进路终端按钮，右键点击空白处，出现“执行”“取消”菜单，左键点击“执行”，出现对话框，左键点选“强制执行”，左键点击“确定”。

(4)盯控确认接发车进路建立。

(5)向司机告知进路信息。

2.误点击“本站出发”，发车进路默认为已执行，列车显示本站已出发，本次列车收不到发车进路预告信息。

(1)汇报列车调度员。

(2)确认接车进路序列正确，使用“自动触发”方式准备接车进路。

(3)人工排列发车进路。点击进路始端按钮＋进路终端按钮，右键点击空白处，出现“执行”“取消”菜单，左键点击“执行”，出现对话框，左键点选“强制执行”，左键点击“确定”。

(4)盯控确认接发车进路建立。

(5)向司机告知进路信息。

十九、办理接发列车、调车作业需经由轨道电路分路不良区段及列车出清进路遗留白光带不消失确认空闲的规定

1.经分路感度测试确认为轨道电路分路不良的区段，电务人员在车站、高铁调度台分别登

记《行车设备检查登记簿》(故障登记)。按照登记内容,电务人员在CTC车务终端进行分路不良标注(设有计算机联锁控显机的车站应同时在计算机联锁控显机上标注),高铁车站值班员(车务应急值守人员)确认电务人员登记内容与CTC车务终端、计算机联锁控显机标注一致后方可签认。

2.办理接发列车、调车作业需经由轨道电路分路不良区段时,高铁车站值班员(车务应急值守人员)提前组织电务、工务人员检查确认分路不良区段空闲,并在车站《行车设备检查登记簿》(故障登记)上登记签认。

高铁车站值班员(车务应急值守人员)在车站《行车设备检查登记簿》(故障登记)左页注明"×(次)×道接车(发车、通过、转线),检查确认×分路不良区段空闲",检查人员签认并检查确认完毕后,在右页对应处登记"×(次)×道接车(发车、通过、转线),经检查确认,×分路不良区段空闲"。高铁车站值班员(车务应急值守人员)确认登记无误后签认,方可报告列车调度员或按规定办理列车、调车进路。

3.遇CTC终端(计算机联锁控显机)的显示与列车(机车车辆)占用轨道电路区段的实际不一致、列车(机车车辆)出清后进路遗留不消失白光带等需现场检查×区段空闲时,比照分路不良区段确认空闲的办法执行。在车站登记《行车设备检查登记簿》,登记内容为"……检查确认×区段(线路)空闲……"。

第三章　应急处置流程

本章应急处置流程图适用于车站操作方式的车站及中心操作方式的车站转为非常站控后，由车站值班员办理非正常接发列车；在中心操作方式下遇设备故障、施工维修、非正常行车等情况，车务应急值守人员根据列车调度员的指示，负责向司机等相关人员递交书面调度命令、组织相关人员现场准备进路、组织相关人员对故障设备进行检查确认等事项。

一、CTC分散自律中心操作方式转为非常站控模式

CTC分散自律中心操作方式转为非常站控模式的应急处置流程如图3-1所示。

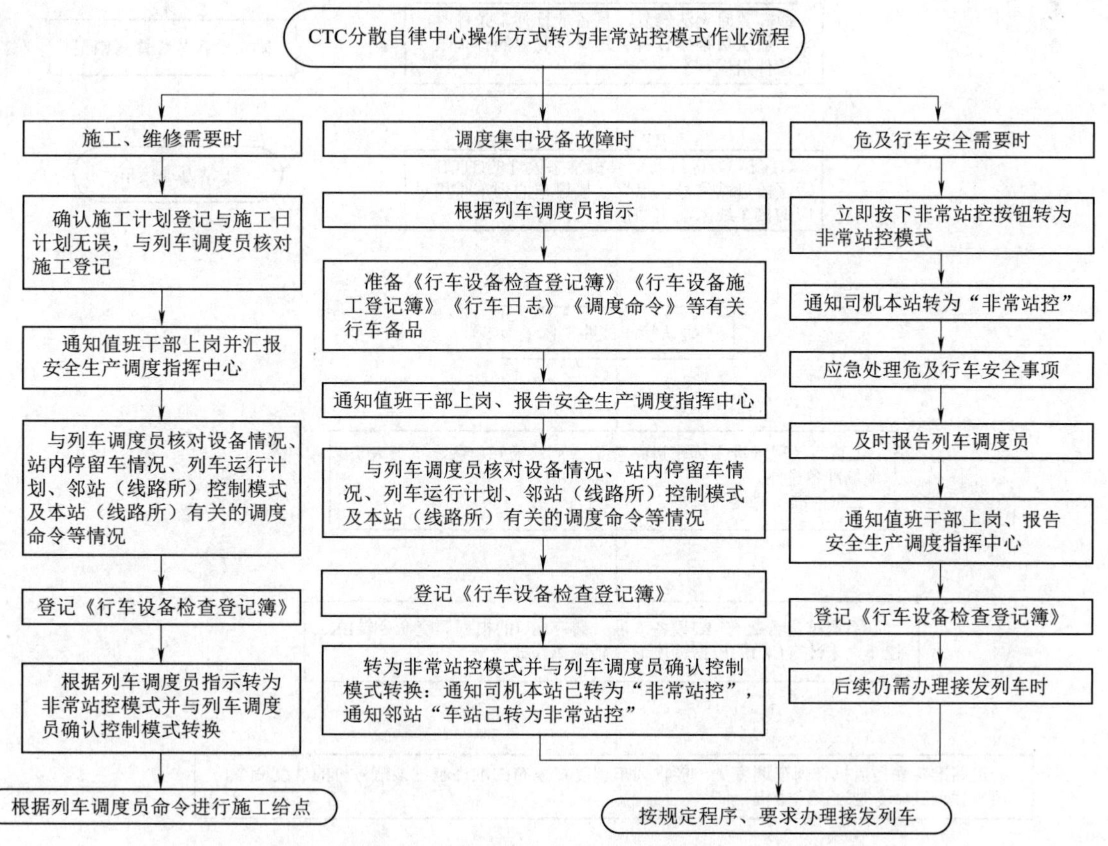

图3-1　CTC分散自律中心操作方式转为非常站控模式的应急处置流程

参照文件：《技规》①第206、222、294、366、368、369条，《行细》②第14条，

《中国铁路北京局集团有限公司营业线施工管理实施细则》（京铁施工〔2021〕300号第78条第1款第9项）

①《铁路技术管理规程(高速铁路部分)》，下同。

②《中国铁路北京局集团有限公司高速铁路行车组织细则》，下同。

二、接车进路道岔失表故障

接车进路道岔失表故障的应急处置流程如图 3-2 所示。

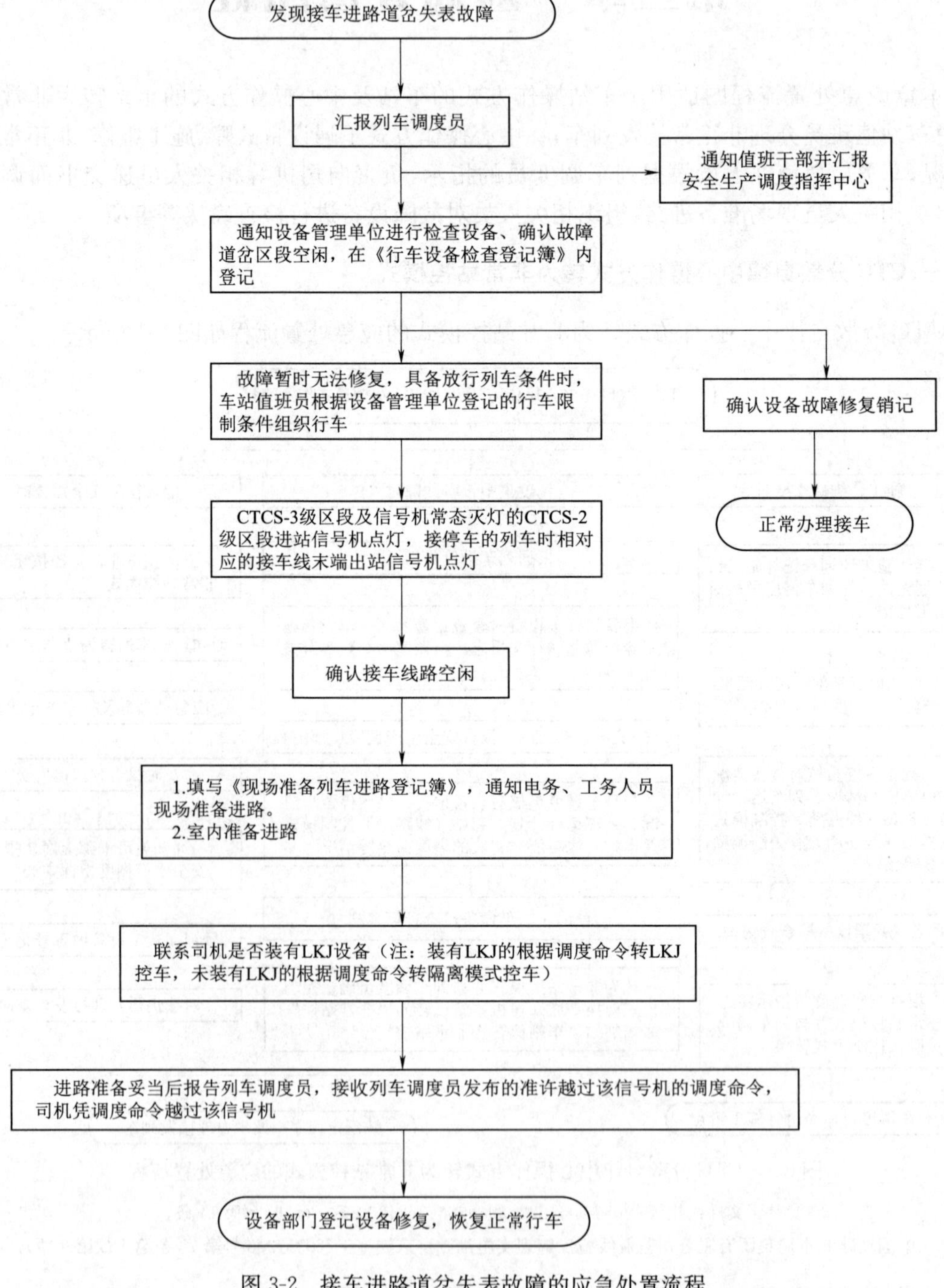

图 3-2　接车进路道岔失表故障的应急处置流程

参照文件：《技规》第 370 条，《行细》第 7、75 条，《关于印发〈引导总锁闭方式办理引导接车补充规定〉的通知》（京铁科信〔2021〕186 号）

三、发车进路道岔失表故障

发车进路道岔失表故障的应急处置流程如图 3-3 所示。

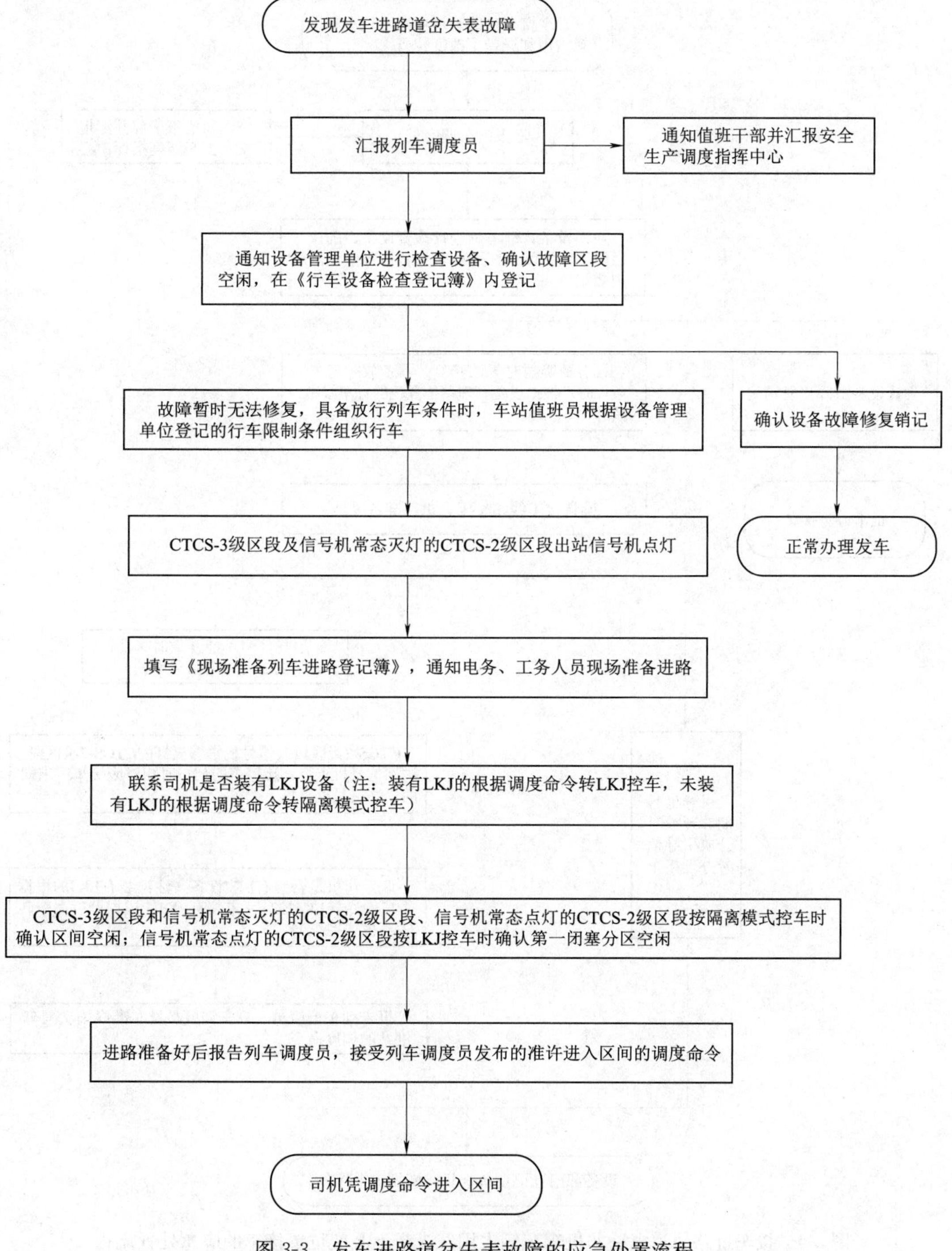

图 3-3　发车进路道岔失表故障的应急处置流程

参照文件:《技规》第 279、371 条,《行细》第 7、75 条

四、接车进路轨道电路非机车车辆占用红光带不改变位置接车

接车进路轨道电路非机车车辆占用红光带不改变位置接车的应急处置流程如图 3-4 所示。

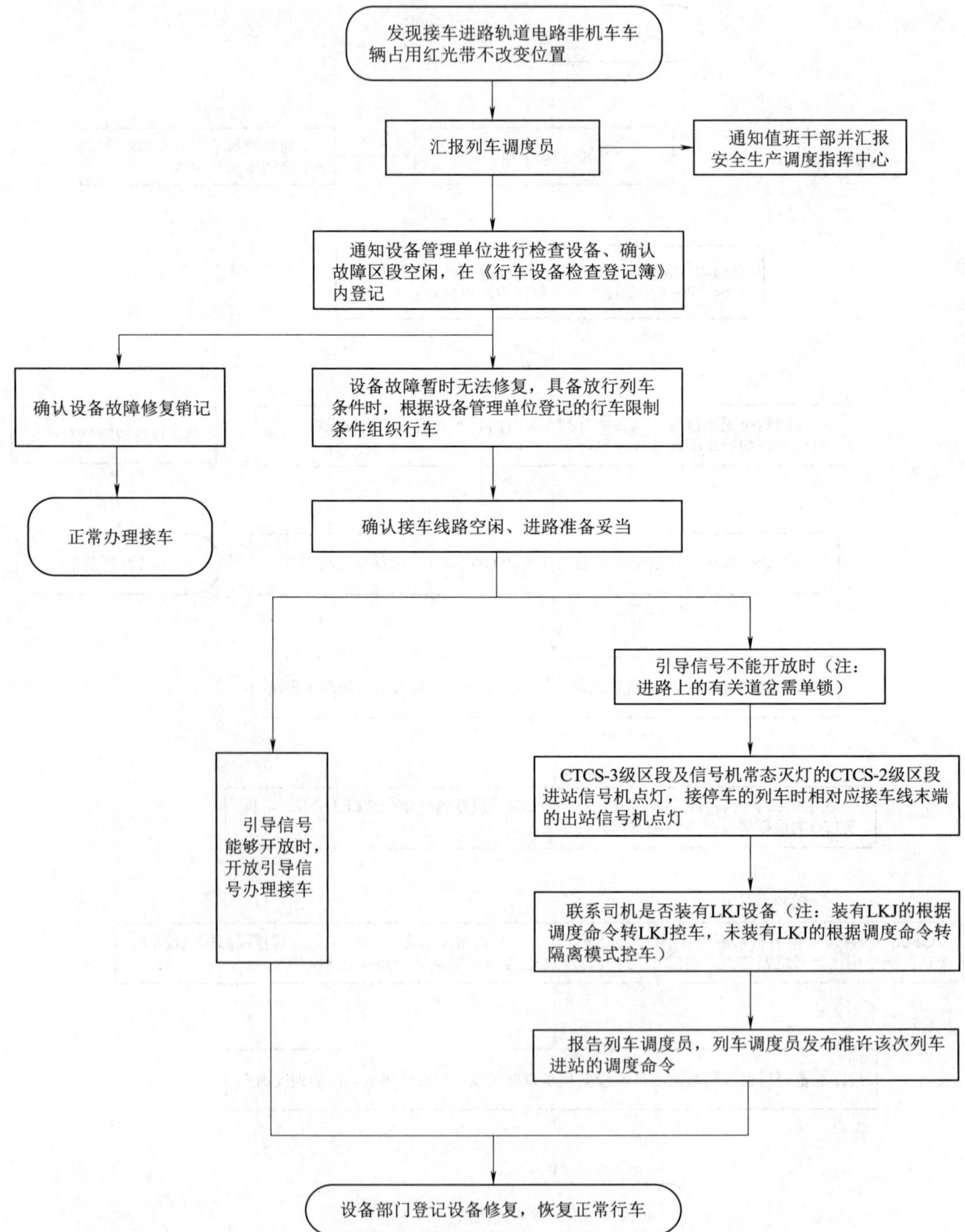

图 3-4　接车进路轨道电路非机车车辆占用红光带不改变位置接车的应急处置流程

参照文件：《技规》第 370 条、《关于印发〈引导总锁闭方式办理引导接车补充规定〉的通知》（京铁科信〔2021〕186 号）

五、接车进路轨道电路非机车车辆占用红光带改变位置接车

接车进路轨道电路非机车车辆占用红光带改变位置接车的应急处置流程如图 3-5 所示。

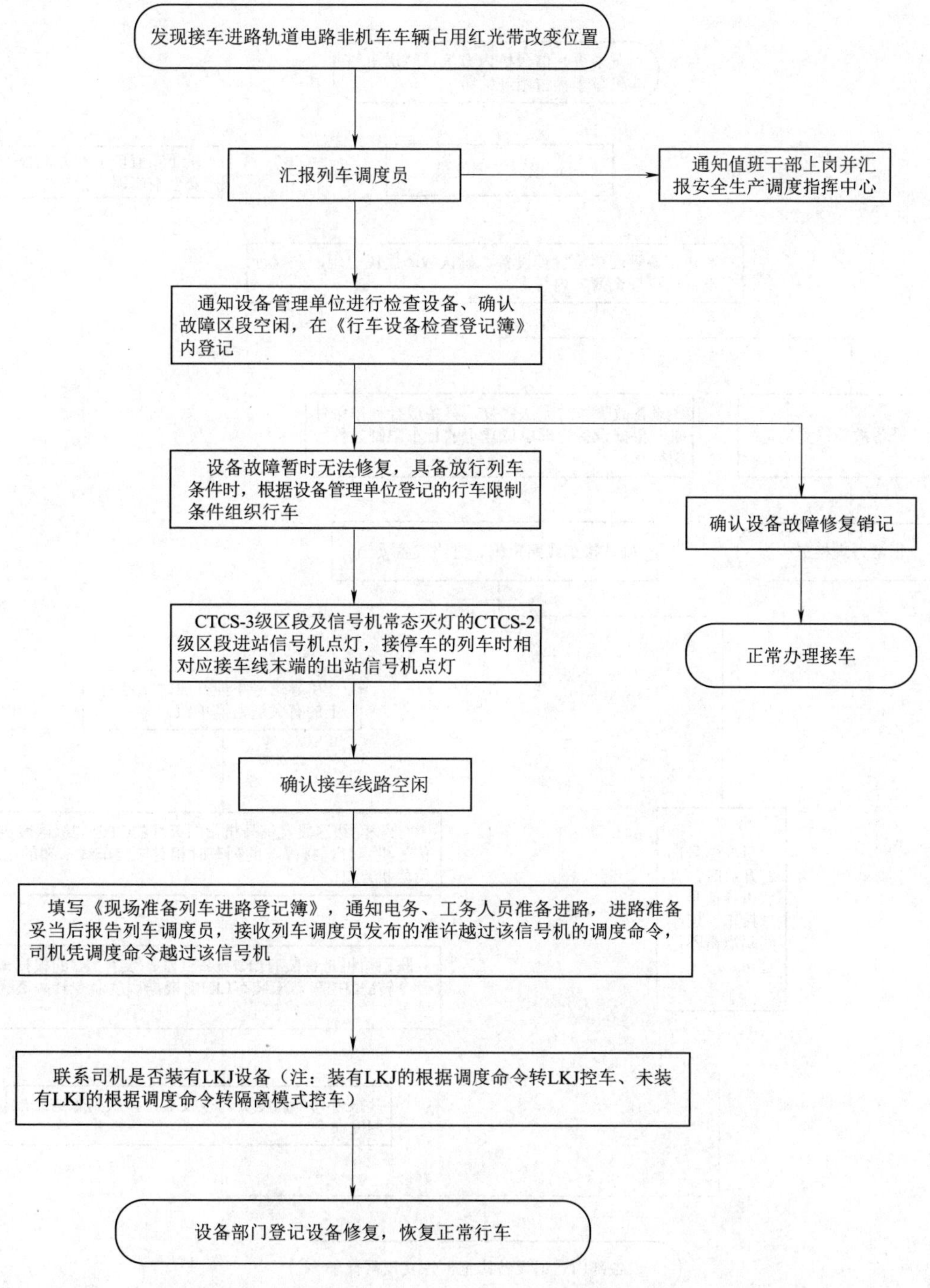

图 3-5　接车进路轨道电路非机车车辆占用红光带改变位置接车的应急处置流程

参照文件：《技规》第 370 条、《关于印发〈引导总锁闭方式办理引导接车补充规定〉的通知》（京铁科信〔2021〕186 号）

六、进站信号机内方第一轨道电路非机车车辆占用红光带接车

进站信号机内方第一轨道电路非机车车辆占用红光带接车的应急处置流程如图 3-6 所示。

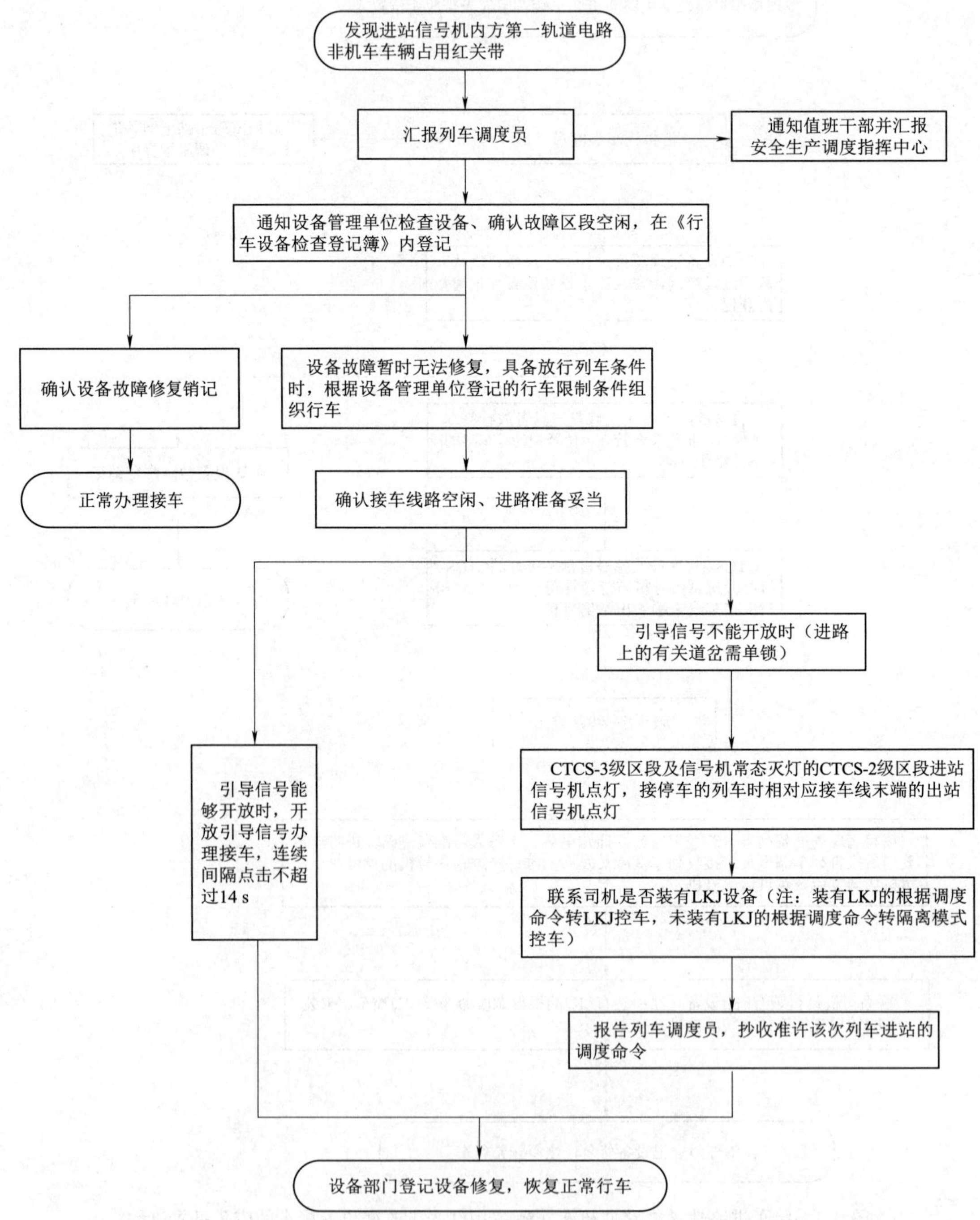

图 3-6　进站信号机内方第一轨道电路非机车车辆占用红光带接车的应急处置流程

参照文件：《技规》第 370 条

七、发车进路轨道电路非机车车辆占用红光带不改变位置发车

发车进路轨道电路非机车车辆占用红光带不改变位置发车的应急处置流程如图 3-7 所示。

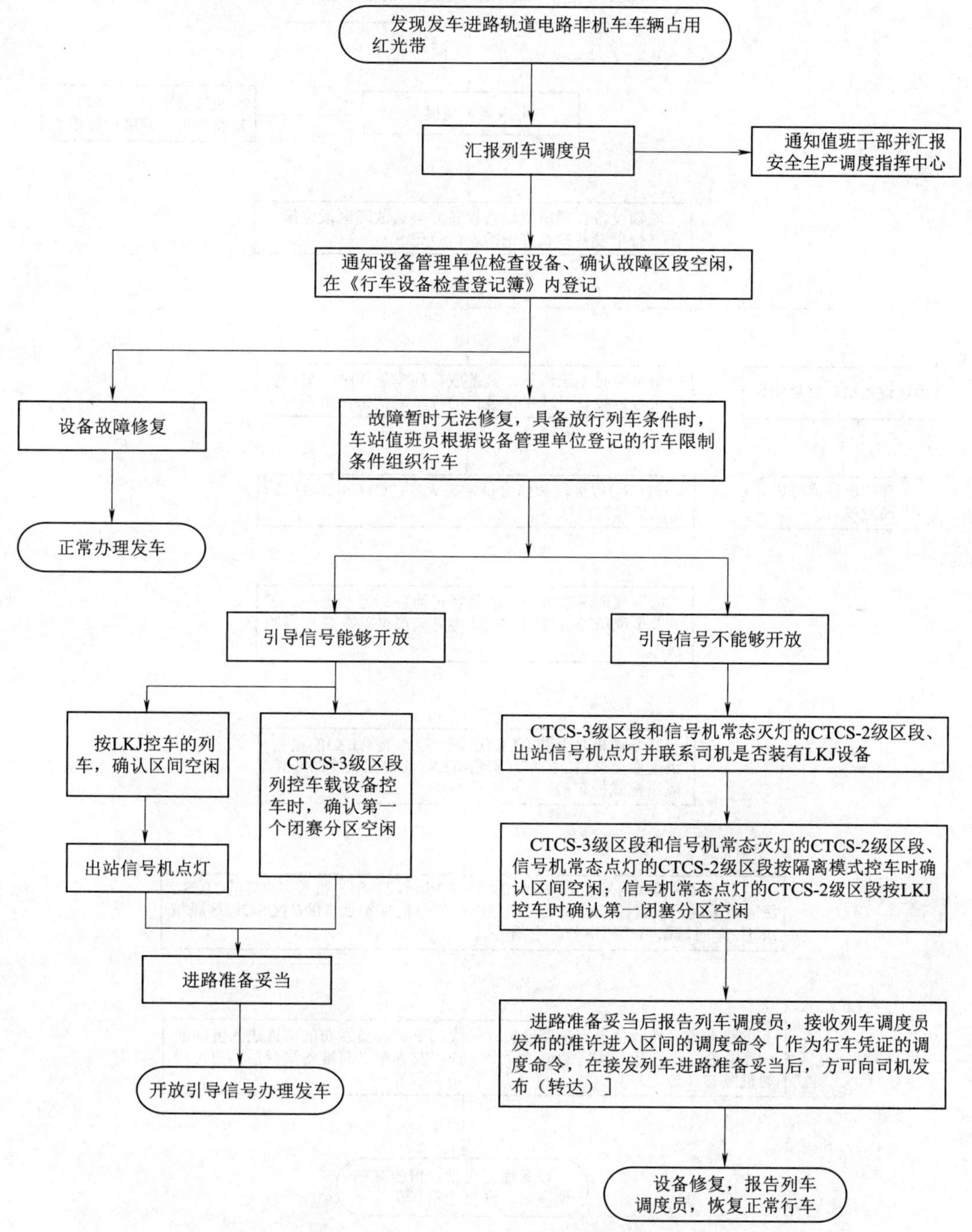

图 3-7　发车进路轨道电路非机车车辆占用红光带不改变位置发车的应急处置流程

参照文件:《技规》第 279、371 条

八、发车进路轨道电路非机车车辆占用红光带改变位置发车

发车进路轨道电路非机车车辆占用红光带改变位置发车的应急处置流程如图 3-8 所示。

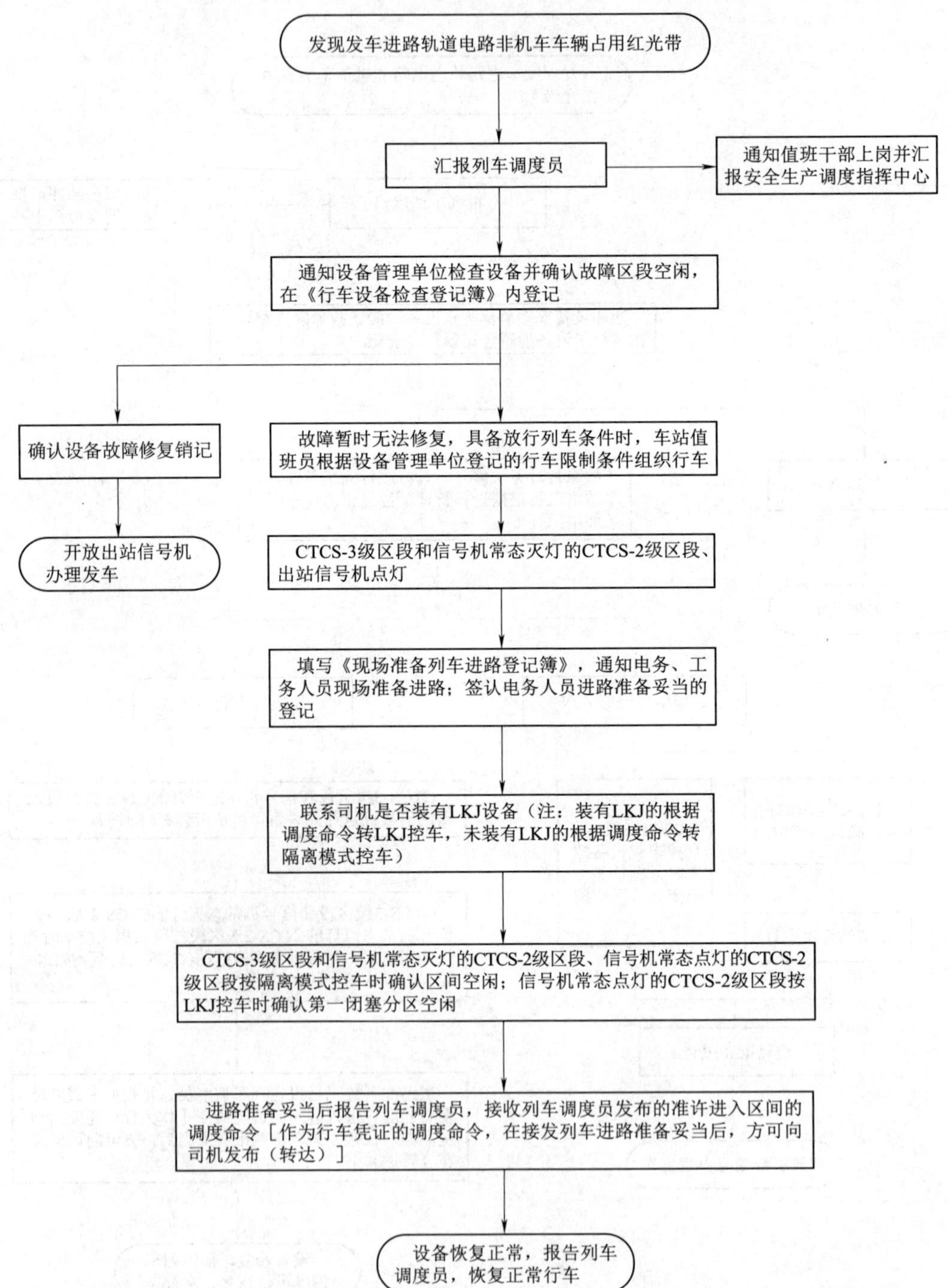

图 3-8　发车进路轨道电路非机车车辆占用红光带改变位置发车的应急处置流程

参照文件:《技规》第 279、371 条

九、信号机常态点灯的 CTCS-2 级区段进站信号机故障接车(不能显示进行信号及红灯又灭灯)

信号机常态点灯的 CTCS-2 级区段进站信号机故障接车(不能显示进行信号及红灯又灭灯)的应急处置流程如图 3-9 所示。

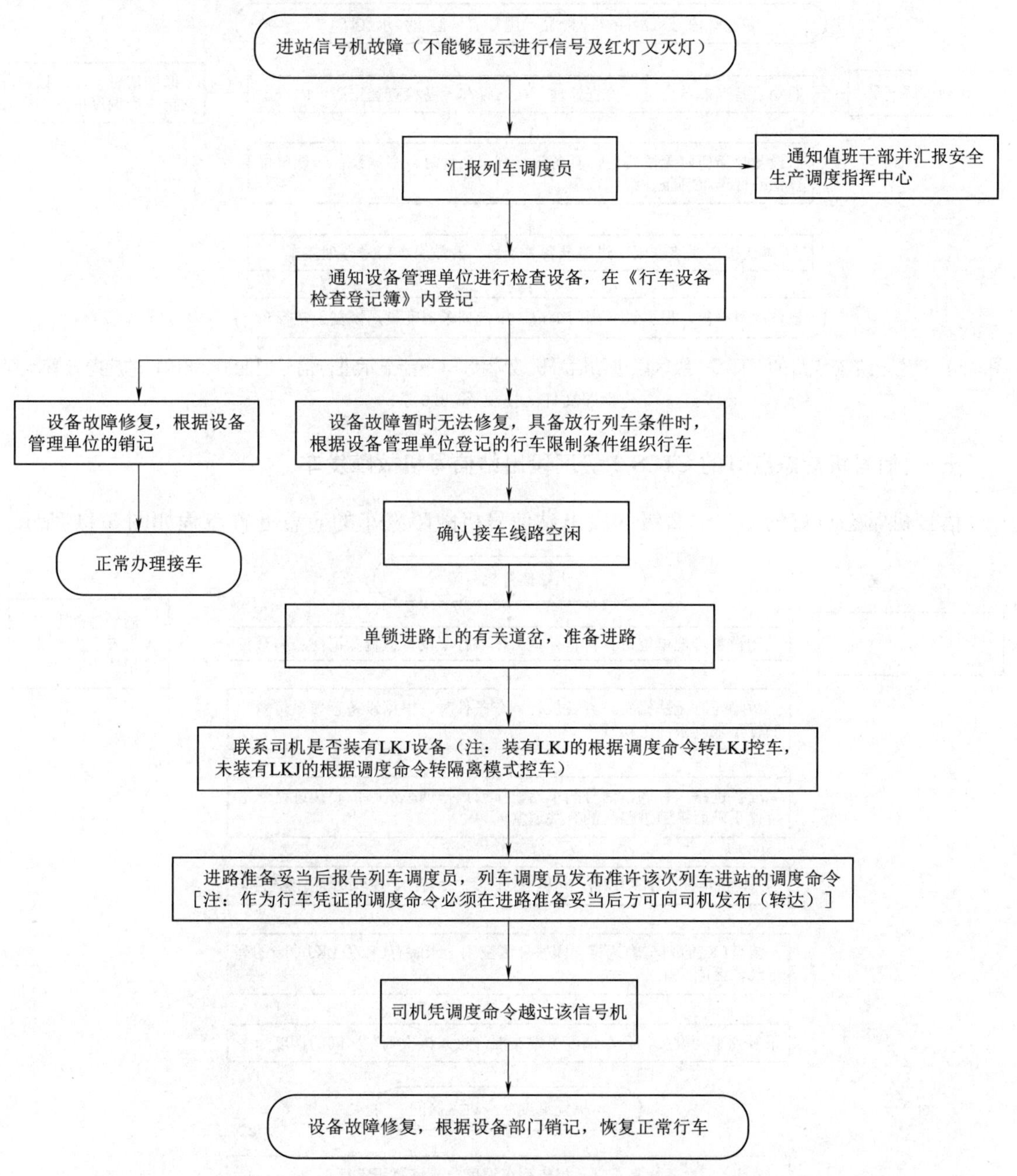

图 3-9　信号机常态点灯的 CTCS-2 级区段进站信号机故障接车(不能显示进行信号及红灯又灭灯)的应急处置流程

参照文件:《技规》第 370 条

十、信号机常态点灯的 CTCS-2 级区段进站信号机故障接车（不能显示进行信号但能显示红灯）

信号机常态点灯的 CTCS-2 级区段进站信号机故障接车（不能显示进行信号但能显示红灯）的应急处置流程如图 3-10 所示。

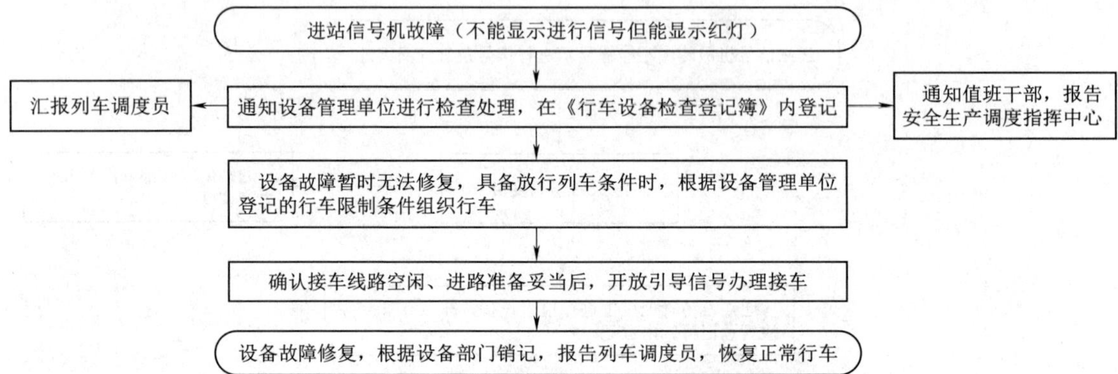

图 3-10　信号机常态点灯的 CTCS-2 级区段进站信号机故障接车（不能显示进行信号但能显示红灯）的应急处置流程

参照文件：《技规》第 370 条

十一、信号机常态点灯的 CTCS-2 级区段出站信号机故障发车

信号机常态点灯的 CTCS-2 级区段出站信号机故障发车的应急处置流程如图 3-11 所示。

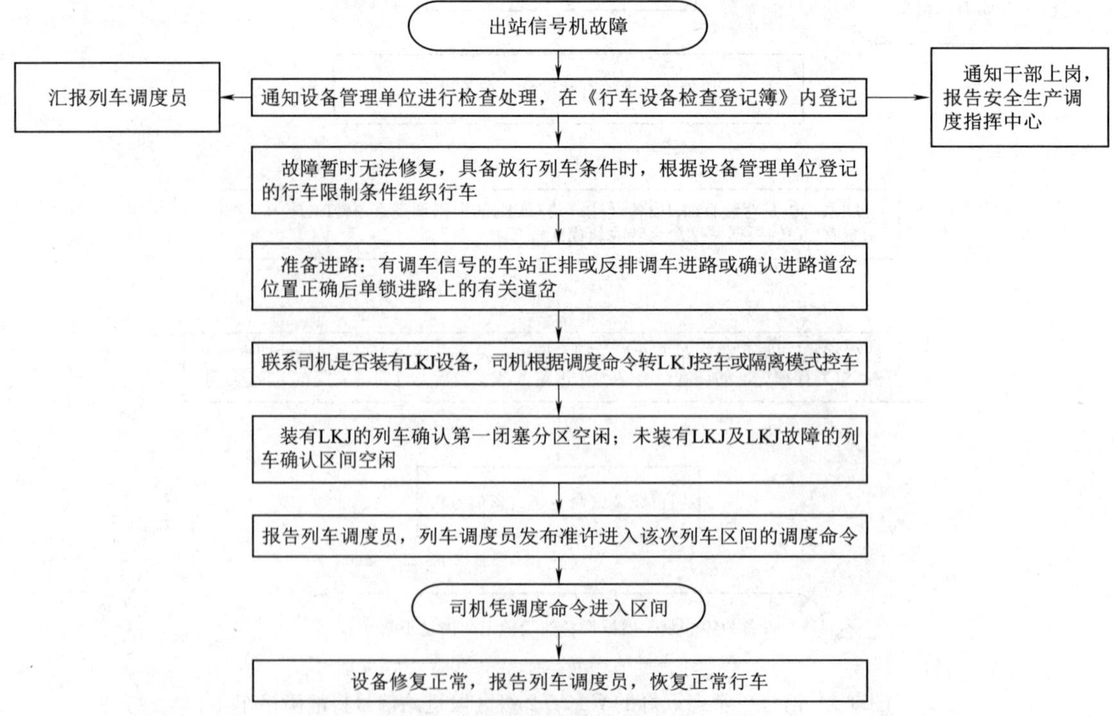

图 3-11　信号机常态点灯的 CTCS-2 级区段出站信号机故障发车的应急处置流程

参照文件：《技规》第 371 条

十二、双线区间反方向行车

双线区间反方向行车的应急处置流程如图 3-12 所示。

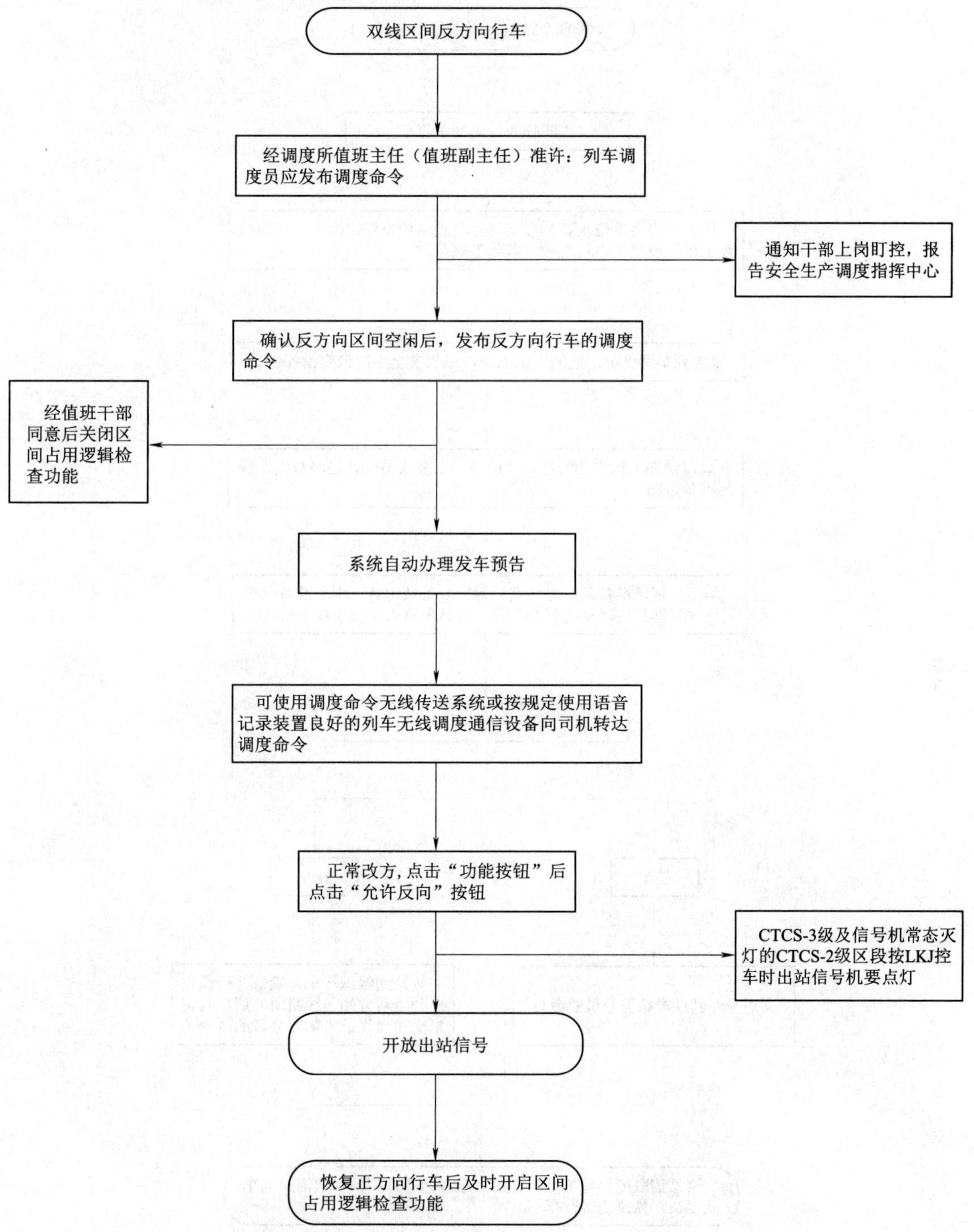

图 3-12　双线区间反方向行车的应急处置流程

参照文件：《技规》第 269、280、409、410 条

十三、全站信联闭设备停电

全站信联闭设备停电的应急处置流程如图 3-13 所示。

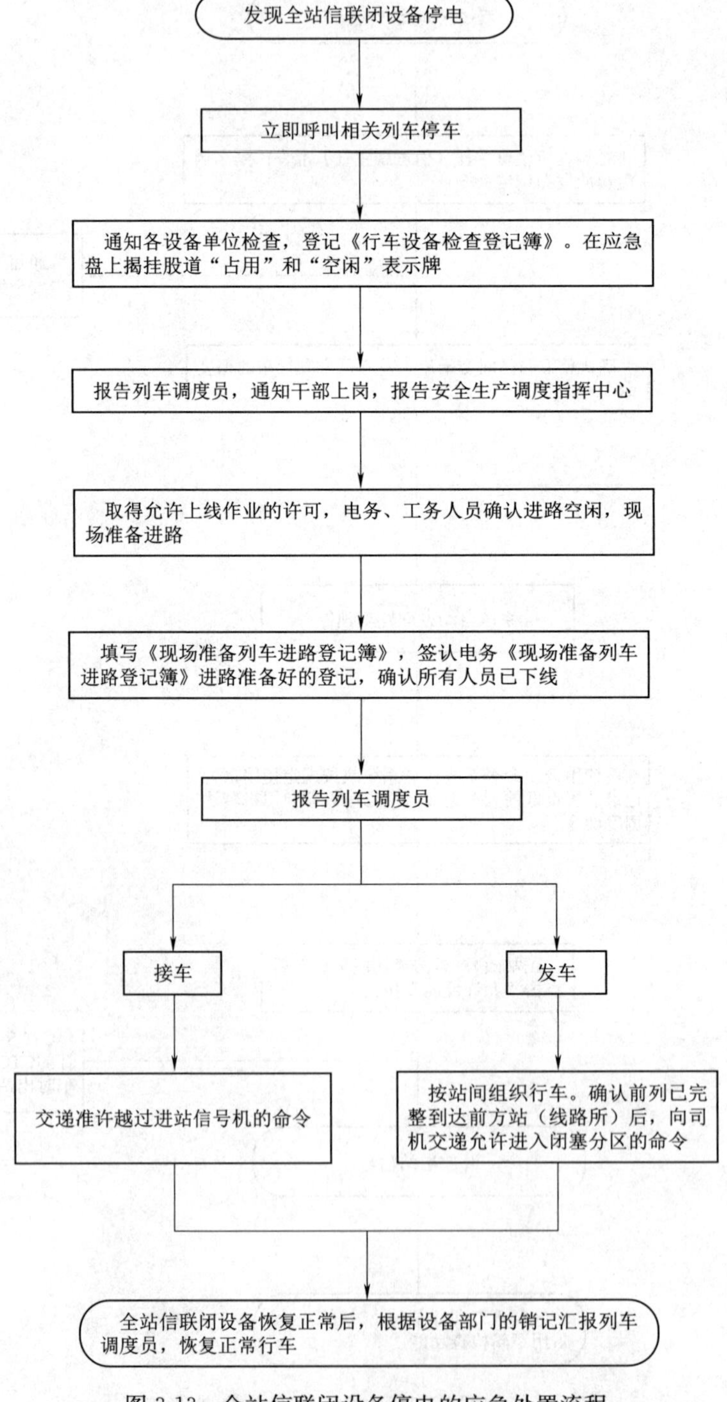

图 3-13　全站信联闭设备停电的应急处置流程

参照文件:《技规》第 341、368、369 条,《行细》第 75、84 条

十四、调度所 CTC 设备正常，车站 CTC 灰屏

调度所 CTC 设备正常，车站 CTC 灰屏的应急处置流程如图 3-14 所示。

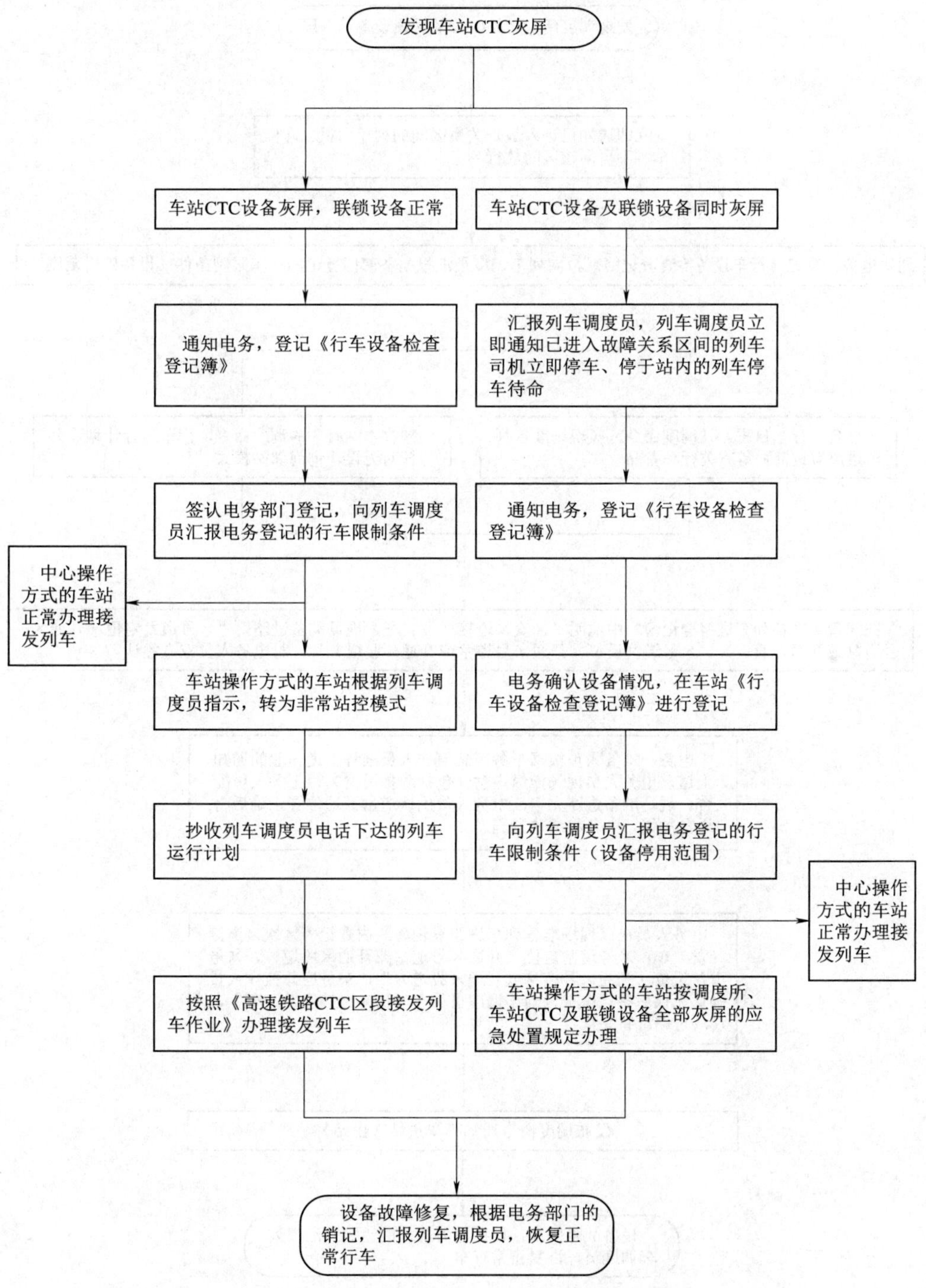

图 3-14　调度所 CTC 设备正常，车站 CTC 灰屏的应急处置流程

参照文件：《北京局集团公司高速铁路突发事件应急预案》(京铁办〔2021〕251 号)

十五、调度所、车站 CTC 及联锁设备均灰屏

调度所、车站 CTC 及联锁设备均灰屏的应急处置流程如图 3-15 所示。

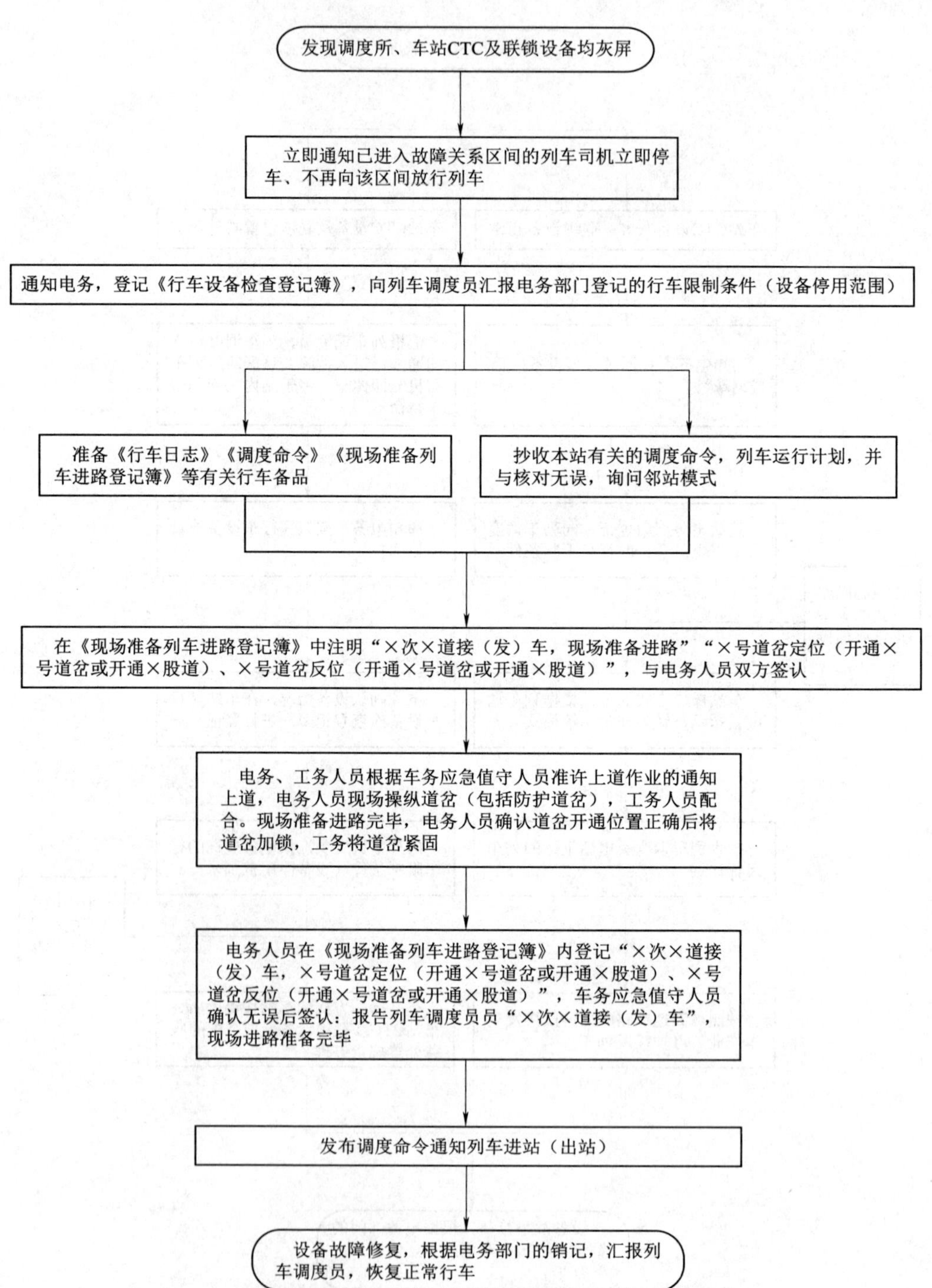

图 3-15　调度所、车站 CTC 及联锁设备均灰屏的应急处置流程

参照文件:《北京局集团公司高速铁路突发事件应急预案》(京铁办〔2021〕251 号)

十六、CTC 列车车次号错误或丢失

CTC 列车车次号错误或丢失的应急处置流程如图 3-16 所示。

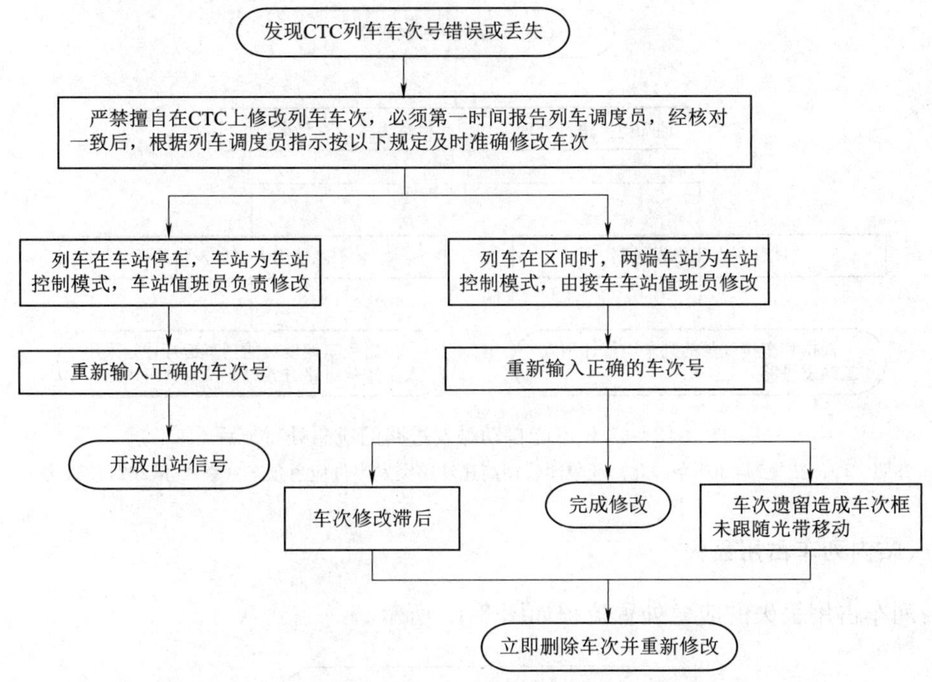

图 3-16　CTC 列车车次号错误或丢失的应急处置流程

参照文件:《技规》第 365 条、《北京局集团公司高速铁路突发事件应急预案》(京铁办〔2021〕251 号)、《中国铁路北京局集团有限公司关于修订印发〈北京局集团公司接发列车作业和管理补充规定〉的通知》(京铁运〔2021〕168 号)

十七、CTC 不能接收列车运行计划

CTC 不能接收列车运行计划的应急处置流程如图 3-17 所示。

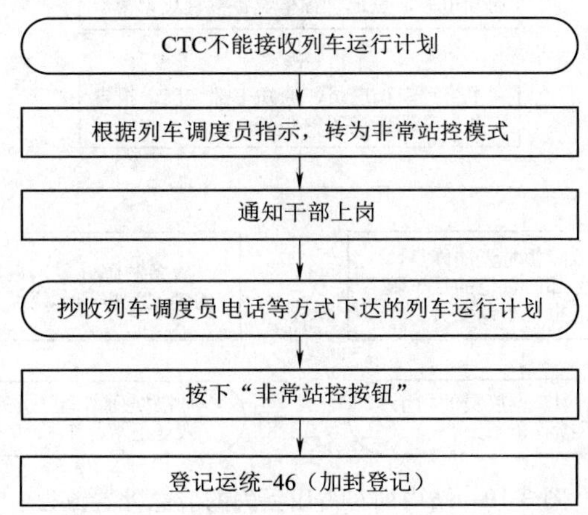

图 3-17　CTC 不能接收列车运行计划的应急处置流程

参照文件:《技规》第 366 条、《北京局集团公司高速铁路突发事件应急预案》(京铁办〔2021〕251 号)

十八、CTC 不能自动触发进路

CTC 不能自动触发进路的应急处置流程如图 3-18 所示。

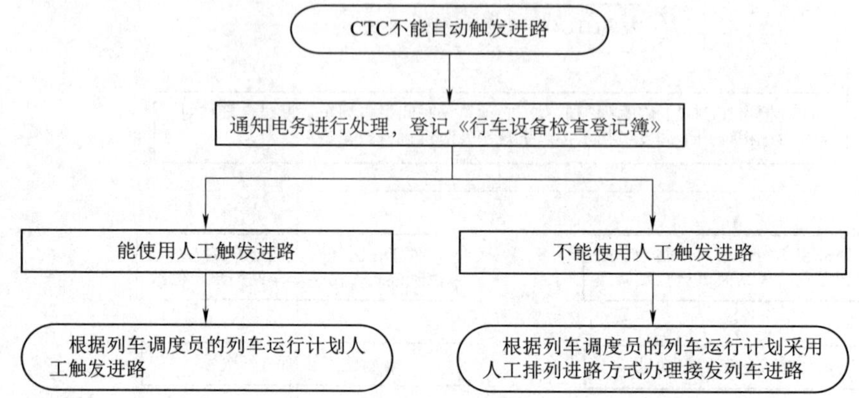

图 3-18　CTC 不能自动触发进路的应急处置流程

参照文件:《技规》第 367 条、《北京局集团公司高速铁路突发事件应急预案》(京铁办〔2021〕251 号)

十九、站内列车占用丢失

站内列车占用丢失的应急处置流程如图 3-19 所示。

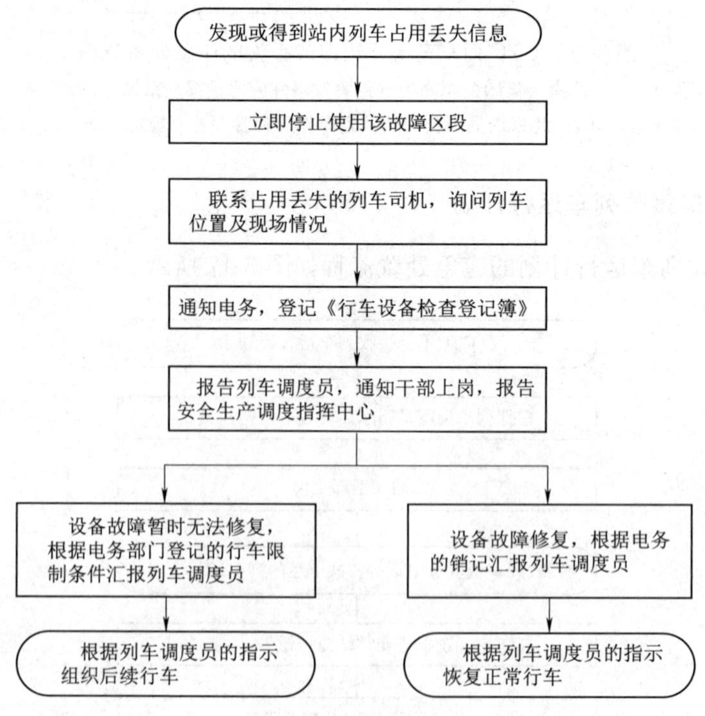

图 3-19　站内列车占用丢失的应急处置流程

参照文件:《技规》第 378 条

二十、列车区间占用丢失(具备区间逻辑检查功能)

列车区间占用丢失(具备区间逻辑检查功能)的应急处置流程如图 3-20 所示。

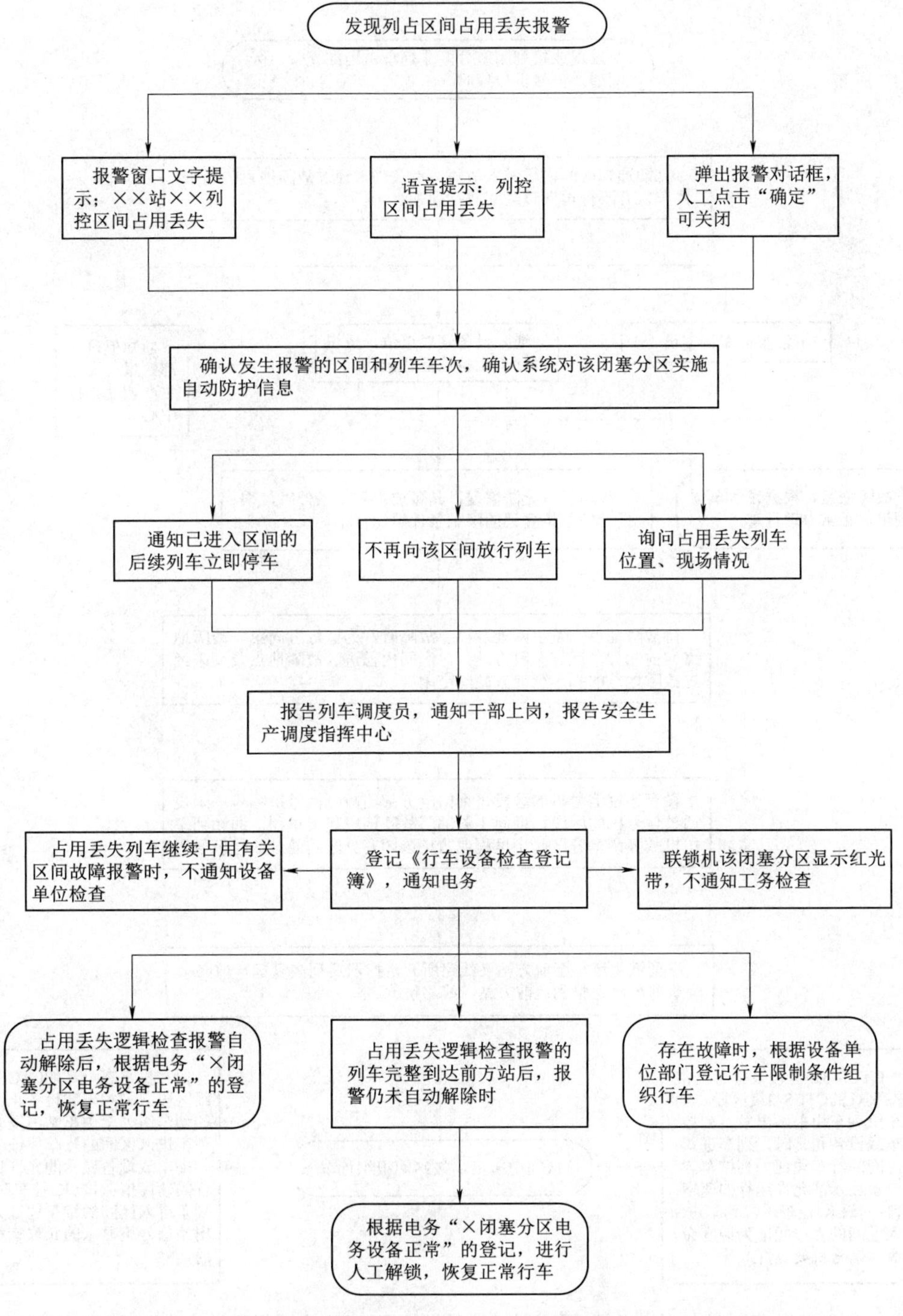

图 3-20 列车区间占用丢失(具备区间逻辑检查功能)的应急处置流程

参照文件:《技规》第 377 条、《区间逻辑检查功能运用暂行办法》(京铁师〔2016〕173 号)

二十一、闭塞分区非列车占用红光带、区间通过信号机故障(异物侵限报警红光带除外)

闭塞分区非列车占用红光带、区间通过信号机故障(异物侵限报警红光带除外)的应急处置流程如图 3-21 所示。

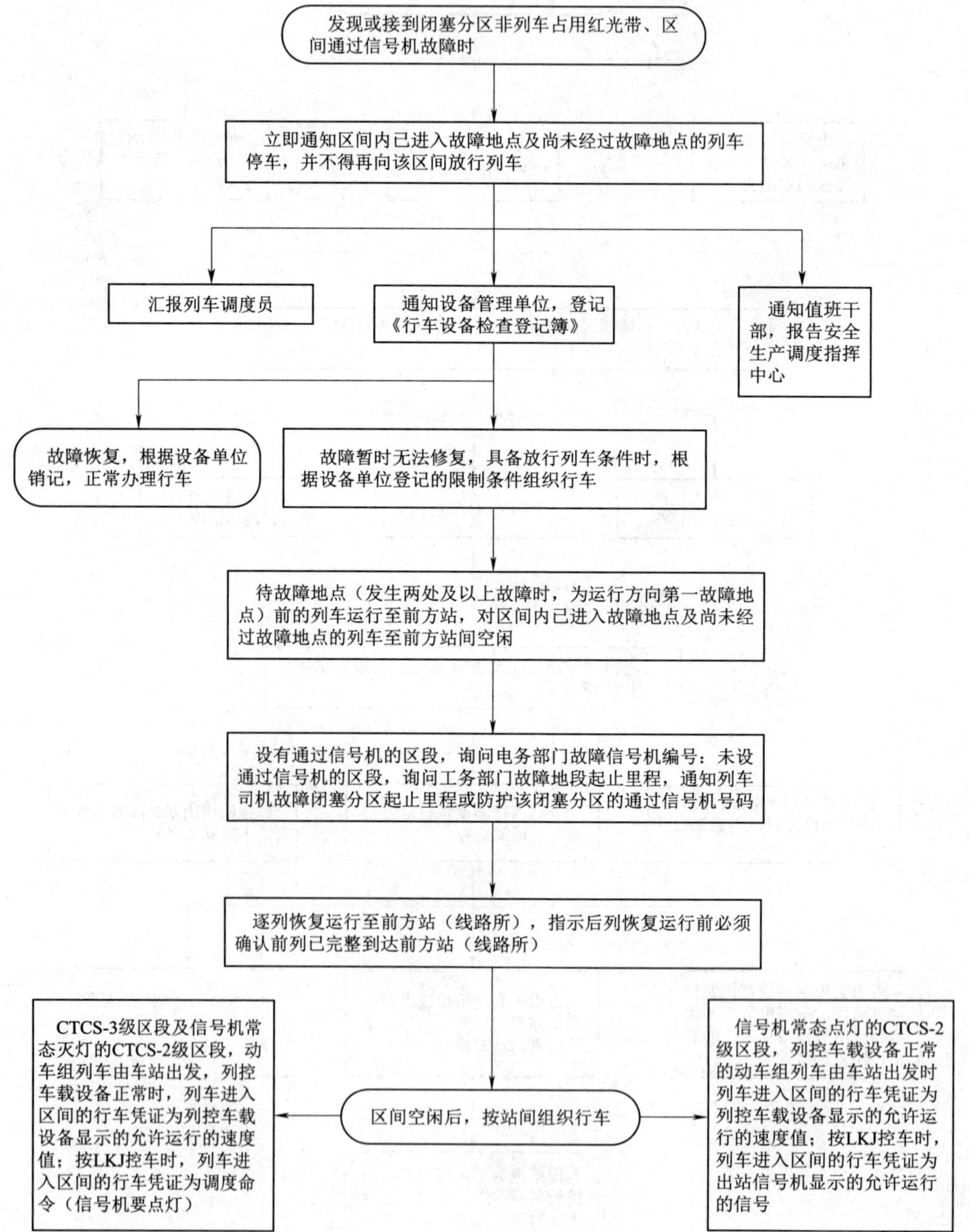

图 3-21　闭塞分区非列车占用红光带、区间通过信号机故障(异物侵限报警红光带除外)的应急处置流程

参照文件:《技规》第 373、374 条

二十二、机车综合无线通信设备故障

机车综合无线通信设备故障的应急处置流程如图 3-22 所示。

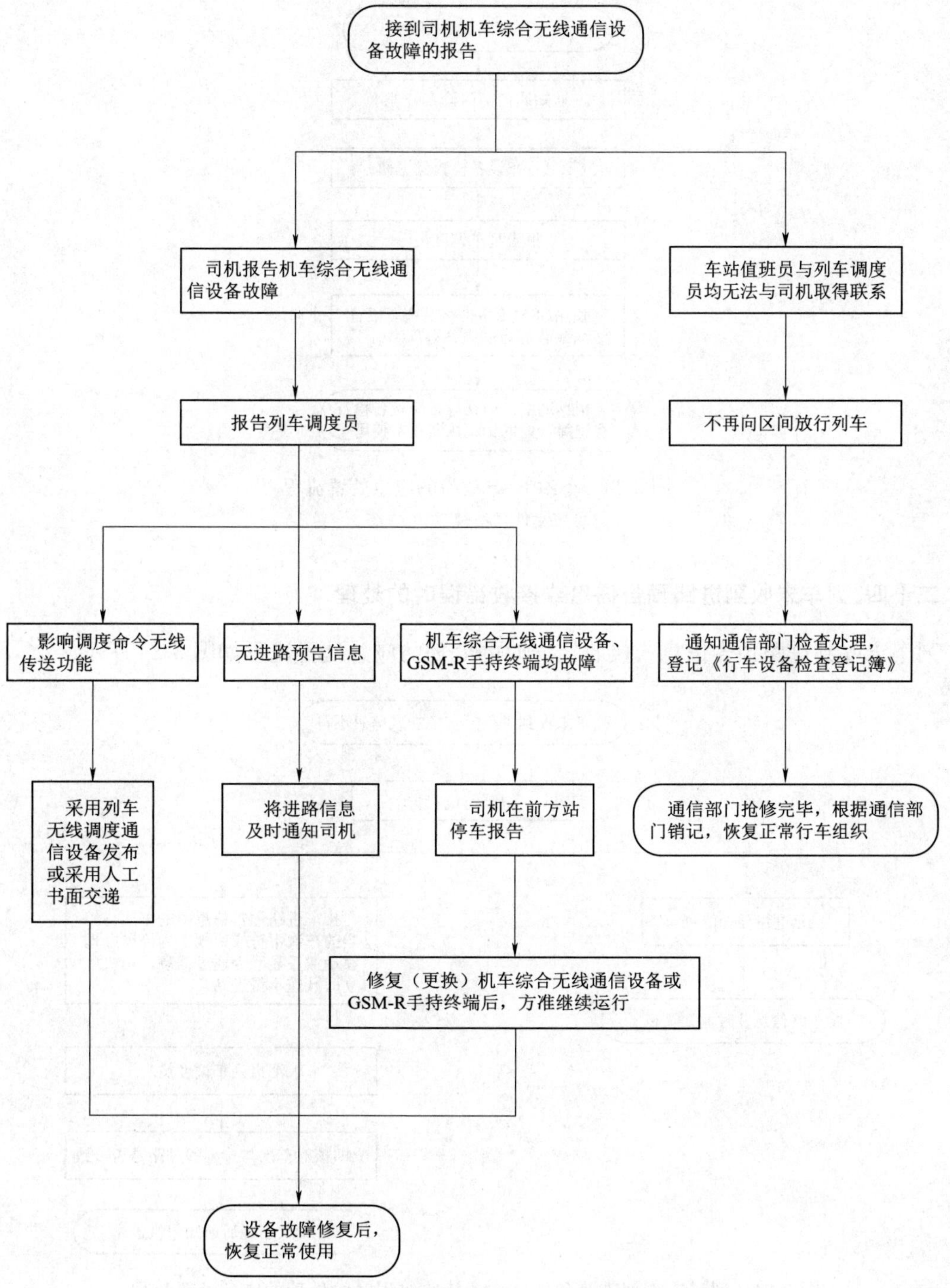

图 3-22　机车综合无线通信设备故障的应急处置流程

参照文件:《技规》第 381、382 条

二十三、车站 FAS 故障

车站 FAS 故障的应急处置流程如图 3-23 所示。

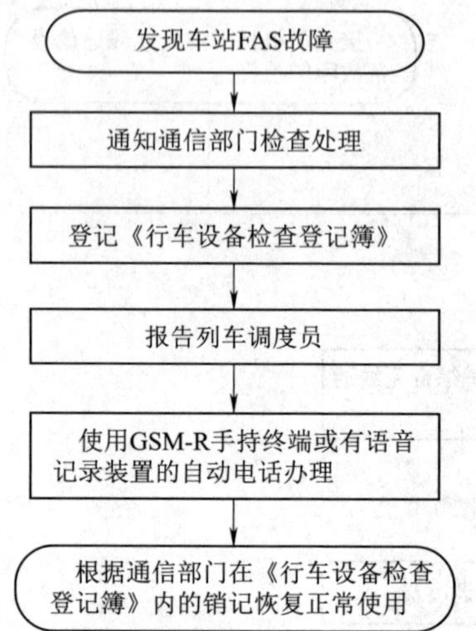

图 3-23　车站 FAS 故障的应急处置流程

参照文件:《技规》第 379 条

二十四、列车未收到进路预告信息或接收错误时的处理

列车未收到进路预告信息或接收错误时的处理的应急处置流程如图 3-24 所示。

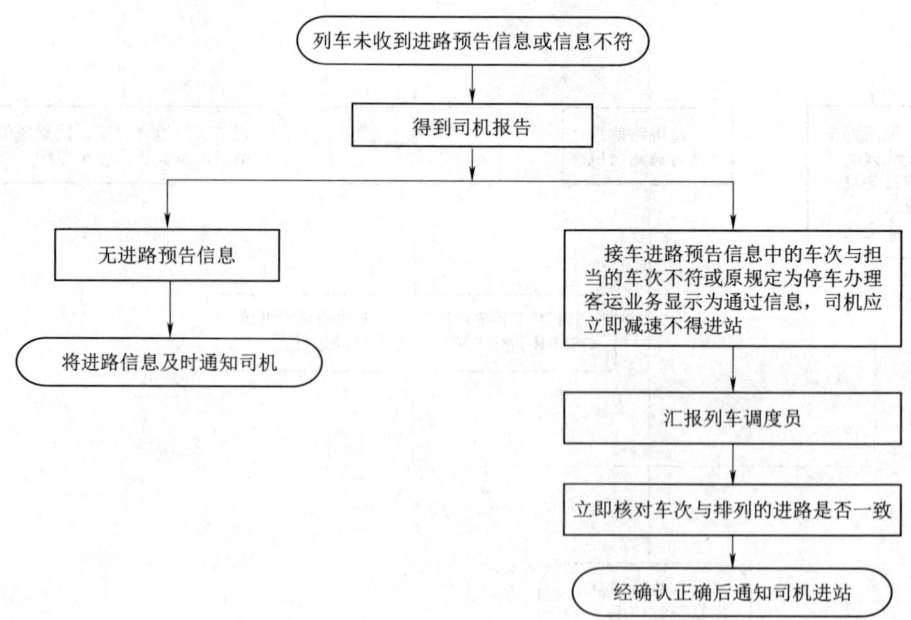

图 3-24　列车未收到进路预告信息或接收错误时的处理的应急处置流程

参照文件:《行细》第 78 条

二十五、GSM-R 设备发生故障

GSM-R 设备发生故障的应急处置流程如图 3-25 所示。

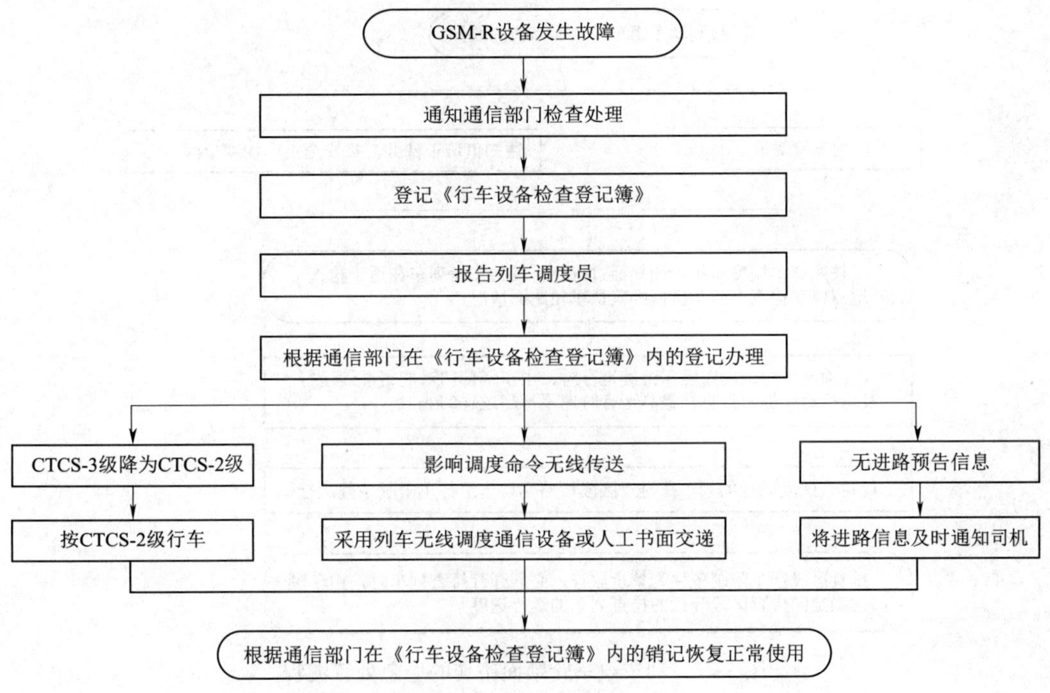

图 3-25 GSM-R 设备发生故障的应急处置流程

参照文件:《技规》第 380 条

二十六、动车组以外的旅客列车抱闸

动车组以外的旅客列车抱闸的应急处置流程如图 3-26 所示。

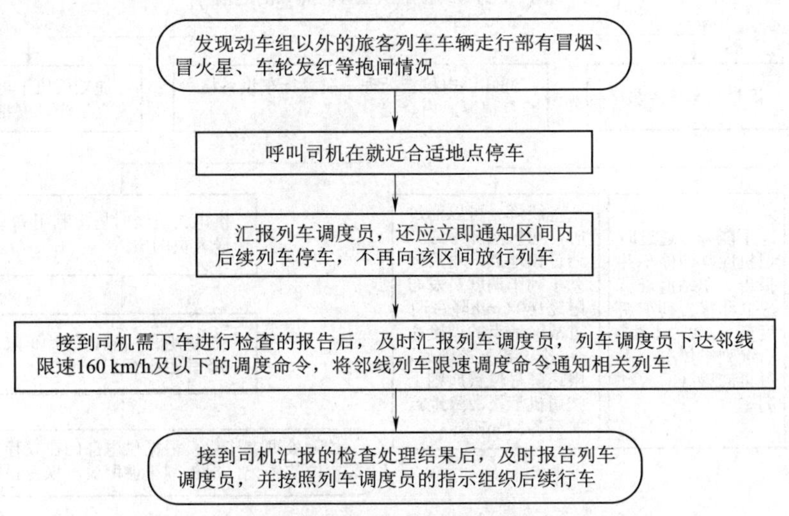

图 3-26 动车组以外的旅客列车抱闸的应急处置流程

参照文件:《技规》第 408 条、《行细》第 83 条

二十七、动车组车轮踏面碏伤

动车组车轮踏面碏伤的应急处置流程如图 3-27 所示。

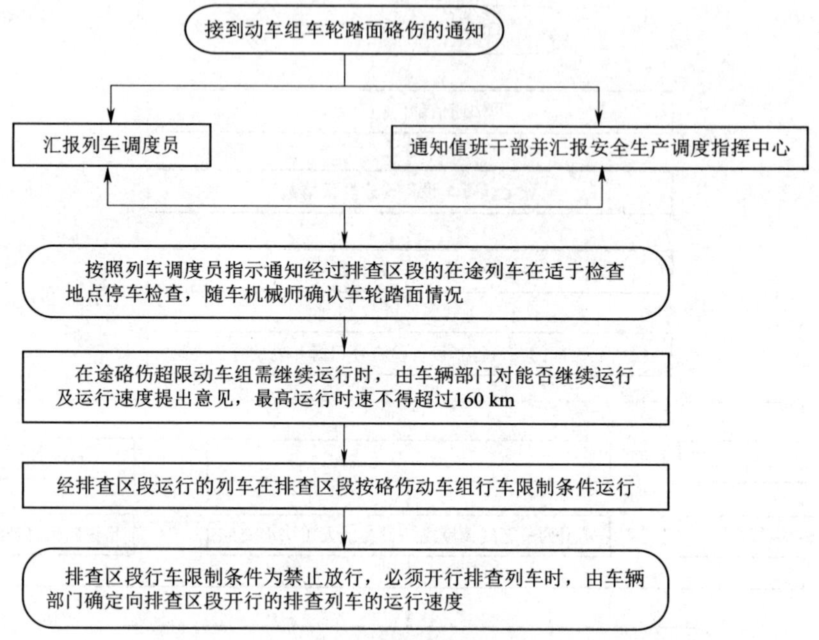

图 3-27　动车组车轮踏面碏伤的应急处置流程

参照文件:《北京铁路局动车组车轮踏面碏伤应急处置办法》(京铁工〔2015〕643 号)

二十八、本线接触网上挂有异物

本线接触网上挂有异物的应急处置流程如图 3-28 所示。

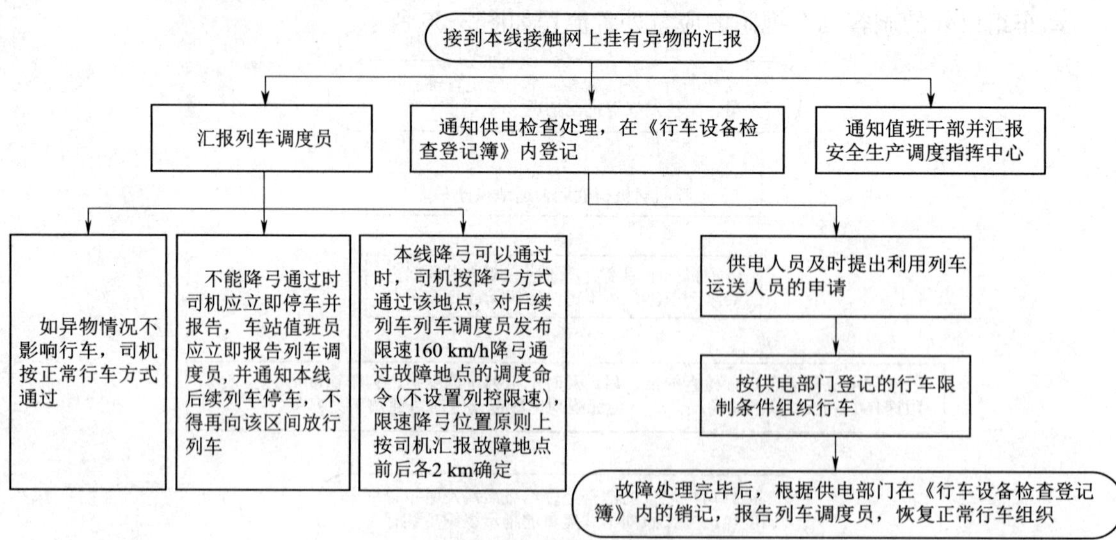

图 3-28　本线接触网上挂有异物的应急处置流程

参照文件:《技规》第 387、388、390 条

二十九、邻线接触网上挂有异物

邻线接触网上挂有异物的应急处置流程如图 3-29 所示。

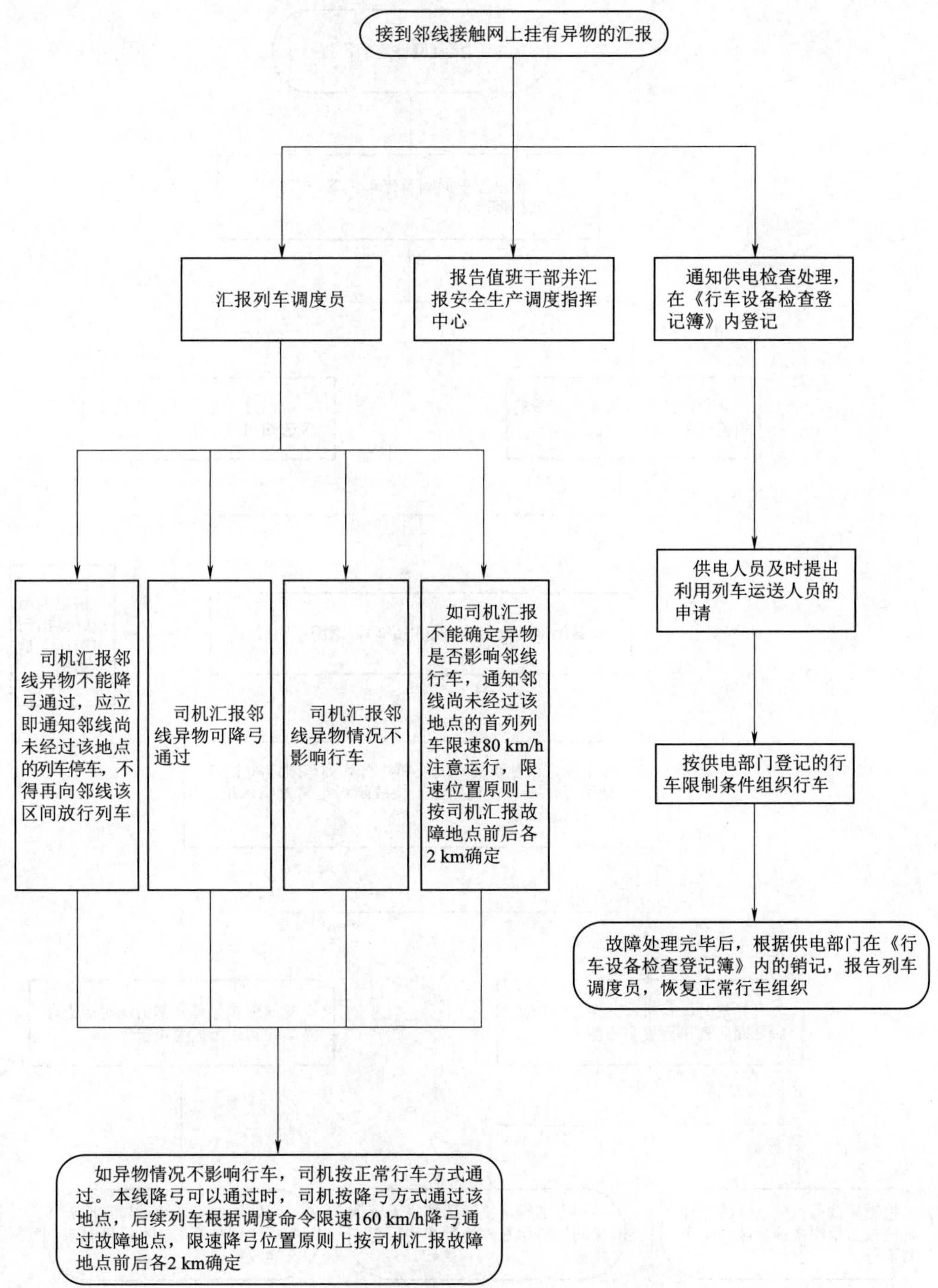

图 3-29　邻线接触网上挂有异物的应急处置流程

参照文件:《技规》第 387～390 条

三十、接触网故障停电

接触网故障停电的应急处置流程如图 3-30 所示。

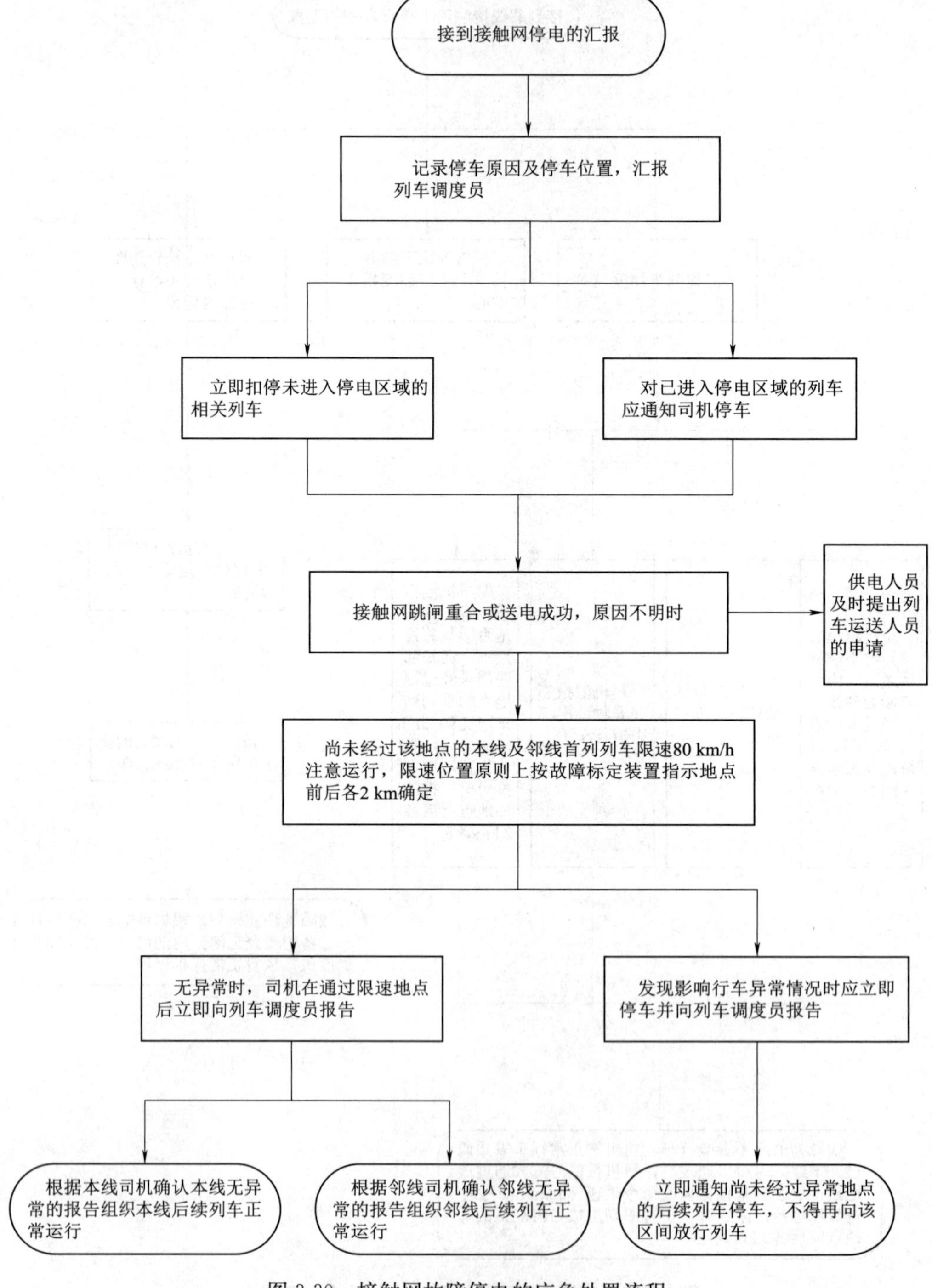

图 3-30　接触网故障停电的应急处置流程

参照文件：《技规》第 383～386 条

三十一、受电弓挂有异物

受电弓挂有异物的应急处置流程如图 3-31 所示。

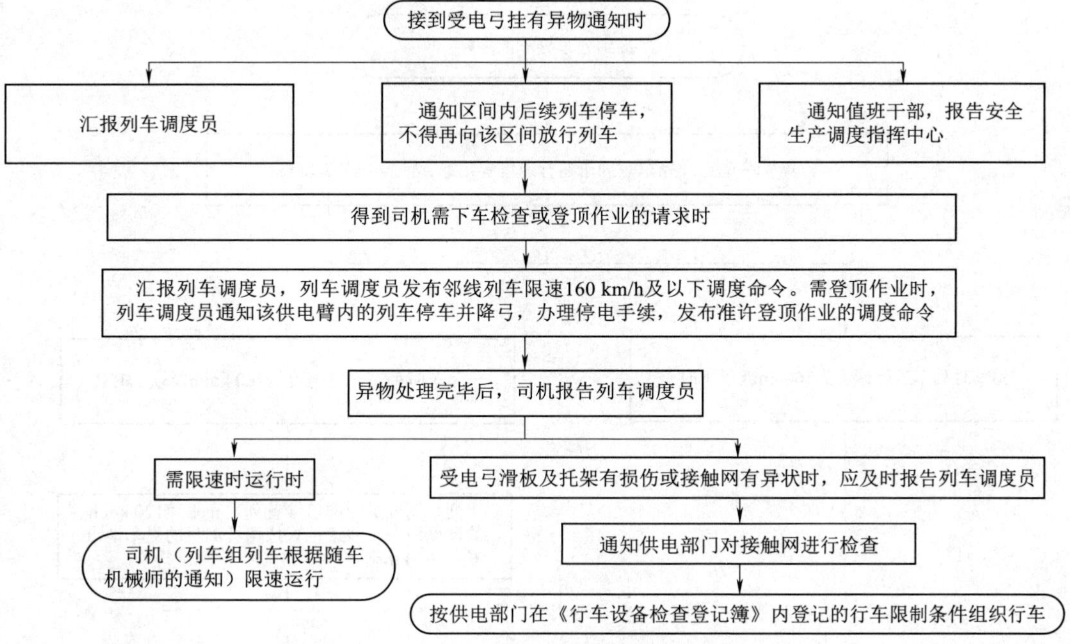

图 3-31　受电弓挂有异物的应急处置流程

参照文件:《技规》第 391～395 条

三十二、区间退行

区间退行的应急处置流程如图 3-32 所示。

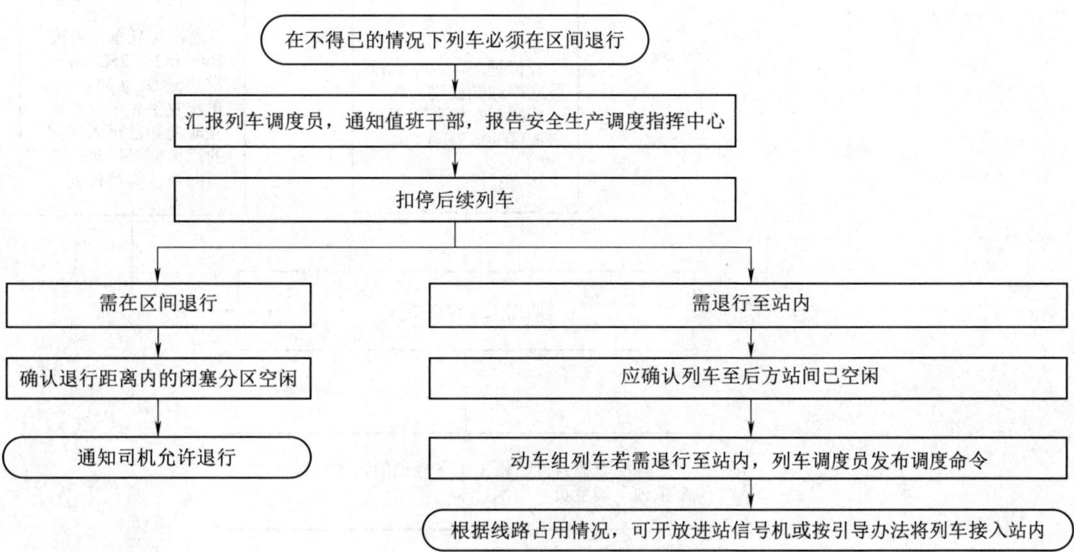

图 3-32　区间退行的应急处置流程

参照文件:《技规》第 415、416 条

三十三、列车晃车

列车晃车的应急处置流程如图 3-33 所示。

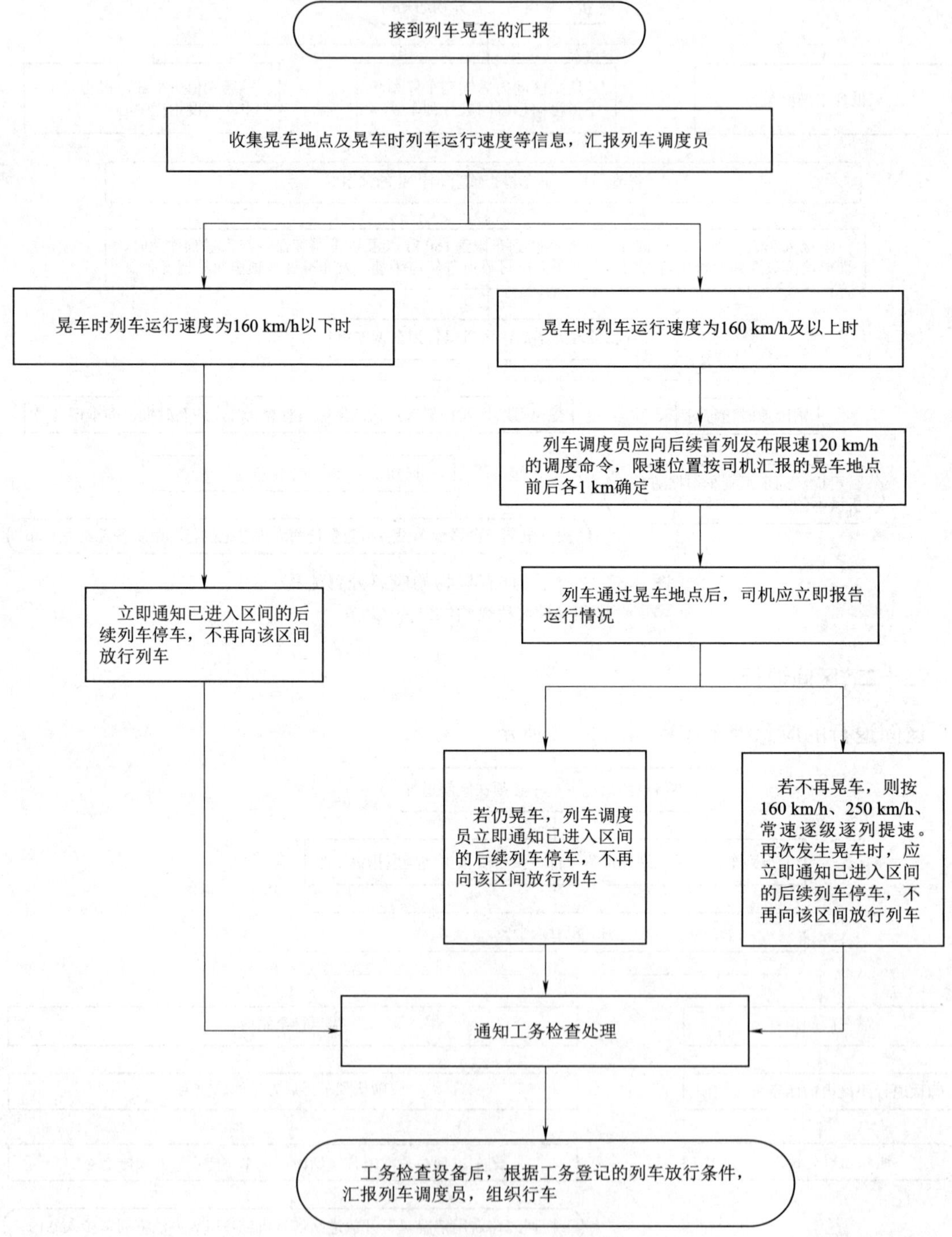

图 3-33　列车晃车的应急处置流程

参照文件:《技规》第 422～424 条

三十四、处理列车扒乘人员

处理列车扒乘人员的应急处置流程如图 3-34 所示。

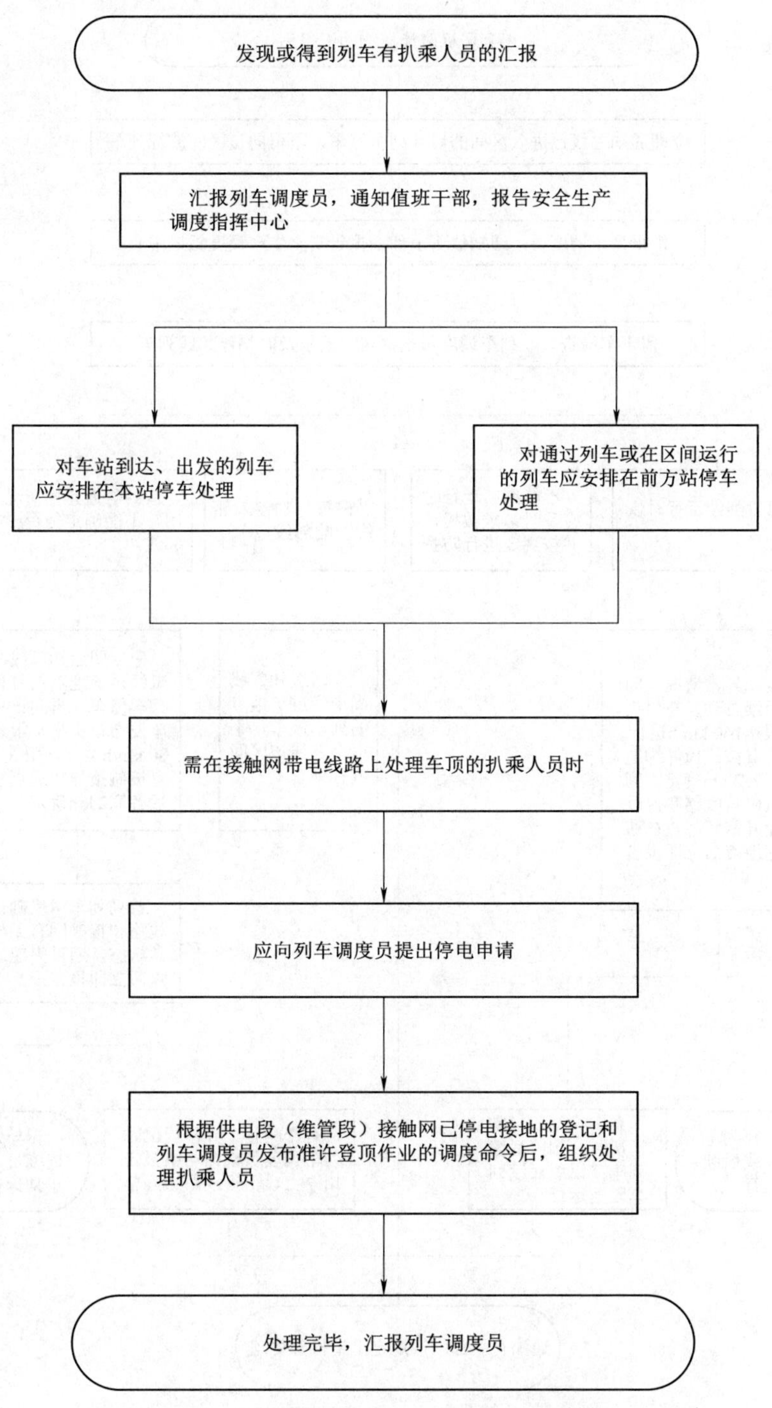

图 3-34　处理列车扒乘人员的应急处置流程

参照文件：《行细》第 88 条

三十五、列车碰撞异物

列车碰撞异物的应急处置流程如图 3-35 所示。

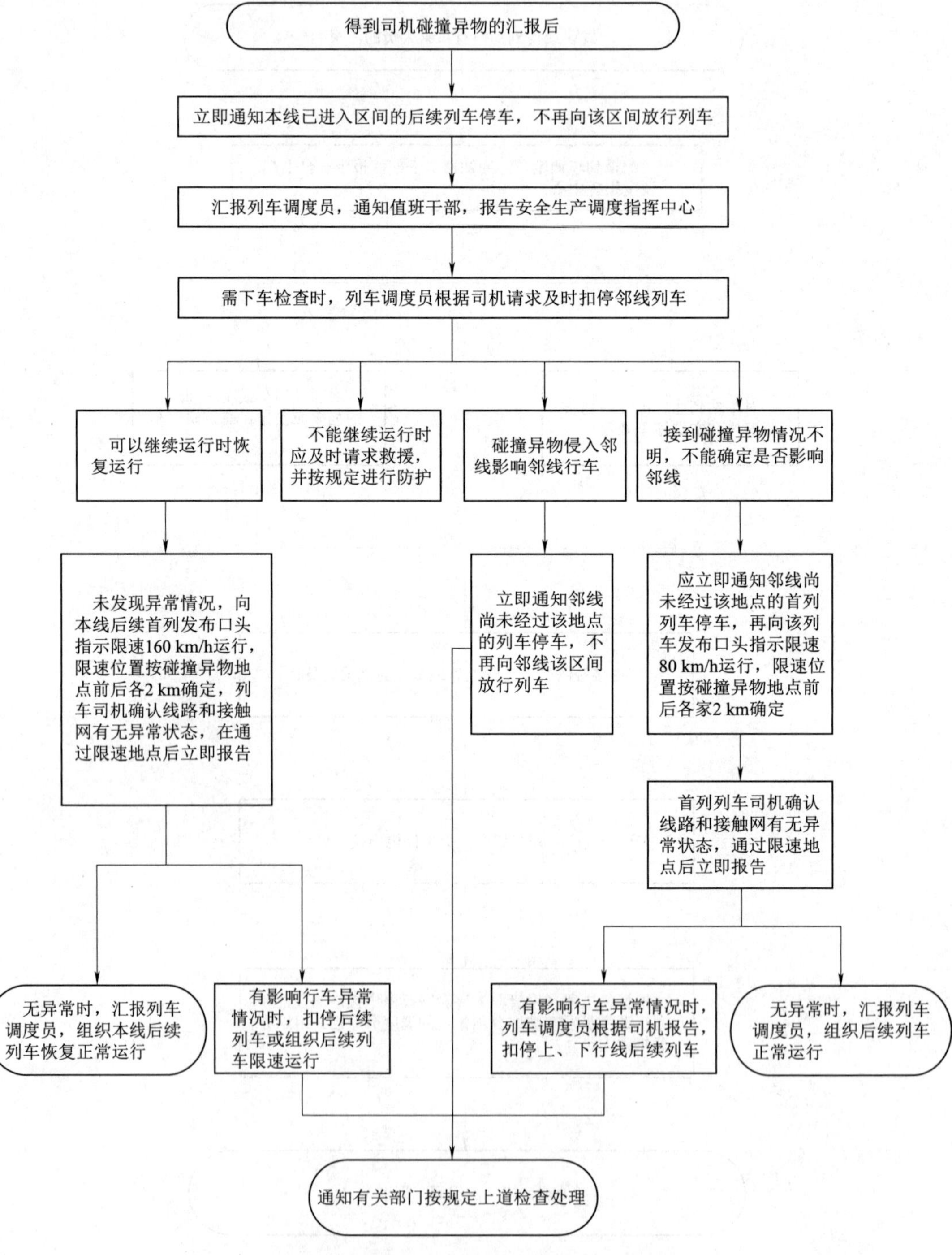

图 3-35 列车碰撞异物的应急处置流程

参照文件：《技规》第 428～431 条、《行细》第 90 条

三十六、列车冒进信号

列车冒进信号的应急处置流程如图 3-36 所示。

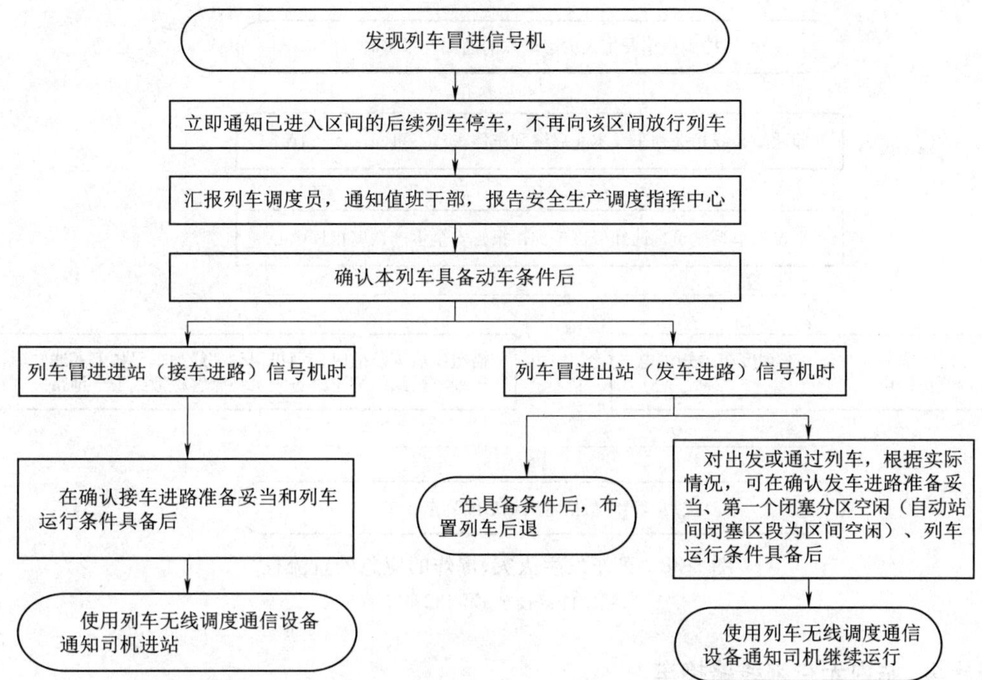

图 3-36 列车冒进信号的应急处置流程

参照文件:《技规》第 420、421 条

三十七、发生塌方、落石、水害

发生塌方、落石、水害的应急处置流程如图 3-37 所示。

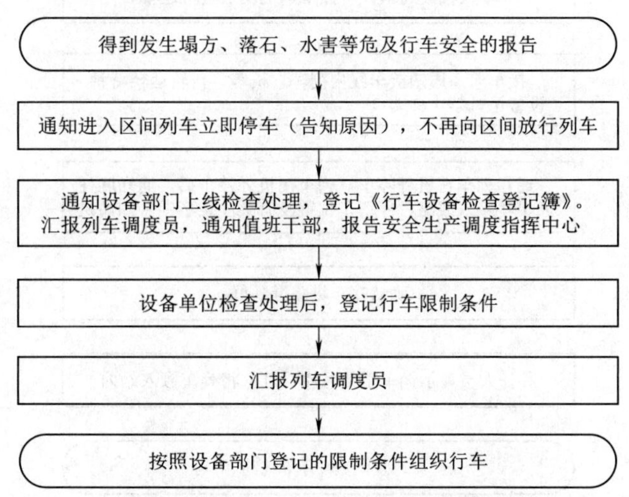

图 3-37 发生塌方、落石、水害的应急处置流程

参照文件:《技规》第 345～348 条、《行细》第 71 条、《北京局集团公司高速铁路突发事件应急预案》(京铁办〔2021〕251 号)

三十八、列车发生火灾、爆炸

列车发生火灾、爆炸的应急处置流程如图 3-38 所示。

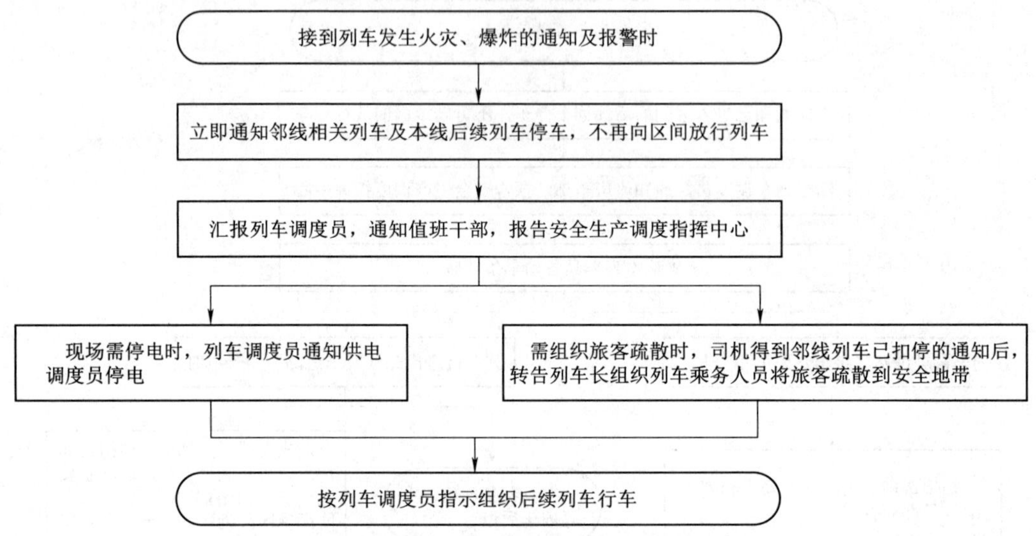

图 3-38　列车发生火灾、爆炸的应急处置流程

参照文件:《技规》第 432、433 条

三十九、站内无空闲线路接车

站内无空闲线路接车的应急处置流程如图 3-39 所示。

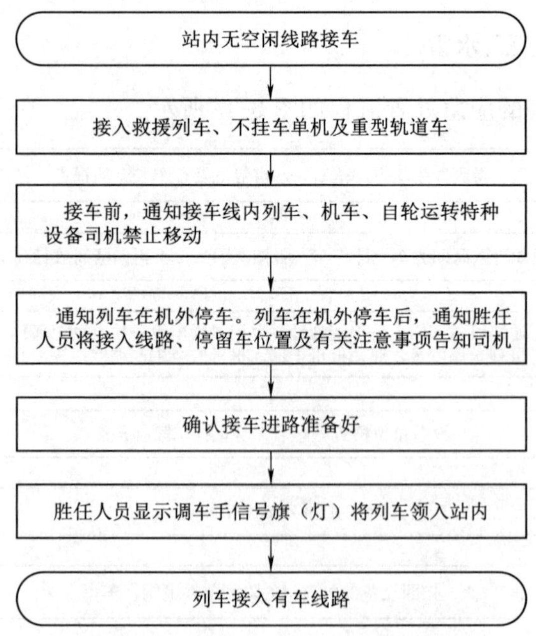

图 3-39　站内无空闲线路接车的应急处置流程

参照文件:《技规》第 290 条、《行细》第 47 条

四十、利用旅客列车运送故障处理人员

利用旅客列车运送故障处理人员的应急处置流程如图 3-40 所示。

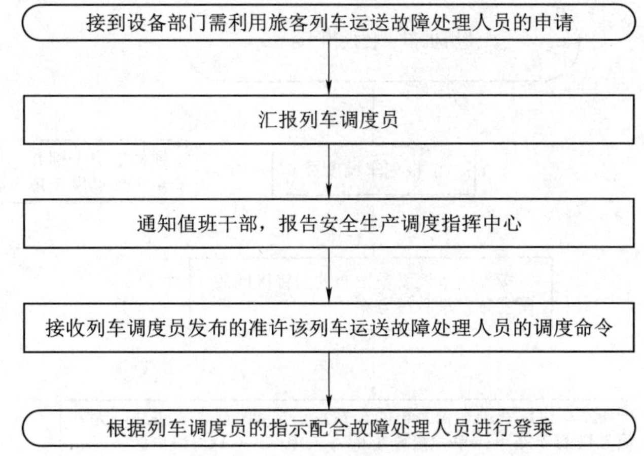

图 3-40　利用旅客列车运送故障处理人员的应急处置流程

参照文件:《行细》第 76 条

四十一、列控限速设置不成功

列控限速设置不成功的应急处置流程如图 3-41 所示。

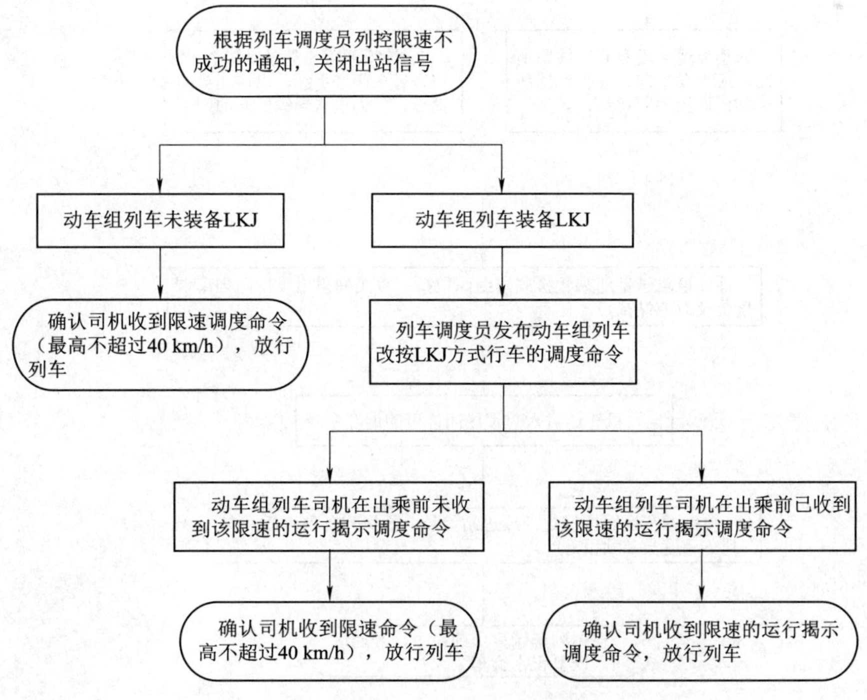

图 3-41　列控限速设置不成功的应急处置流程

参照文件:《技规》第 313 条

四十二、使用机车、救援列车救援

使用机车、救援列车救援的应急处置流程如图 3-42 所示。

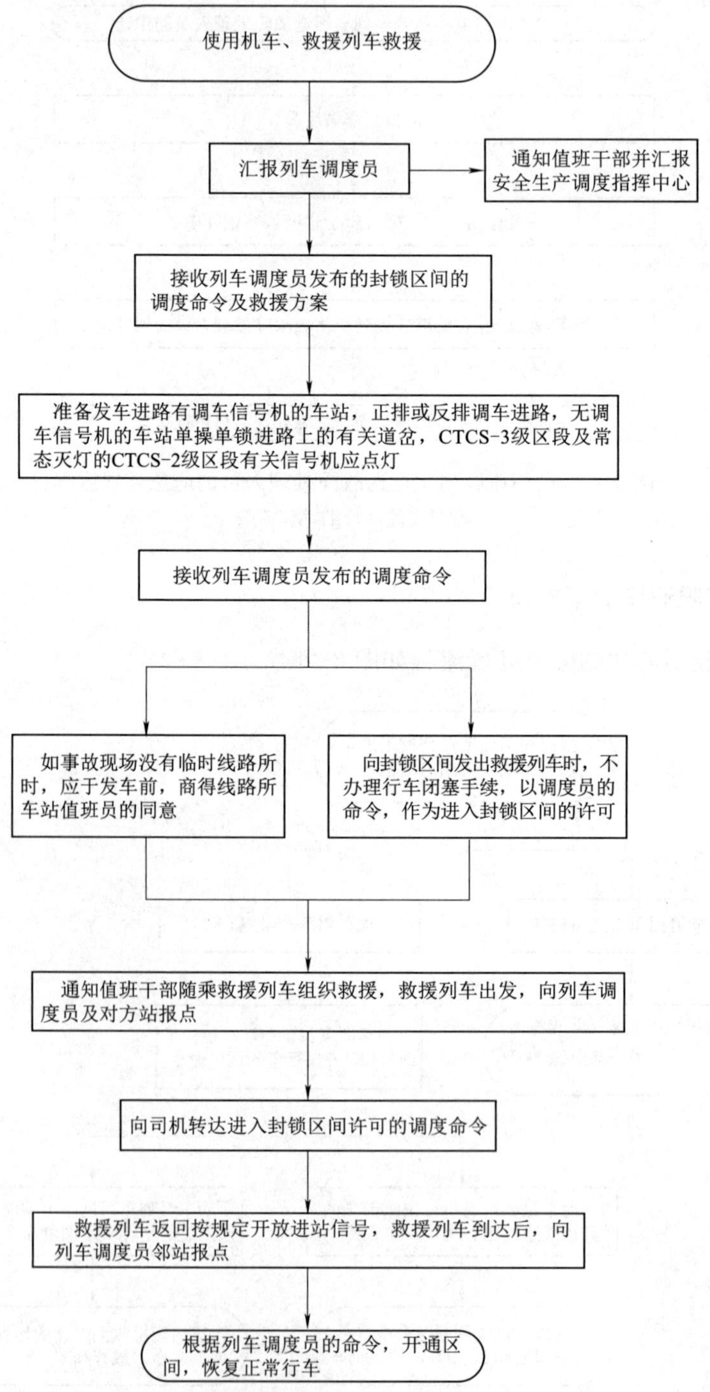

图 3-42　使用机车、救援列车救援的应急处置流程

参照文件:《技规》第 434～444 条

四十三、使用动车组救援动车组

使用动车组救援动车组的应急处置流程如图 3-43 所示。

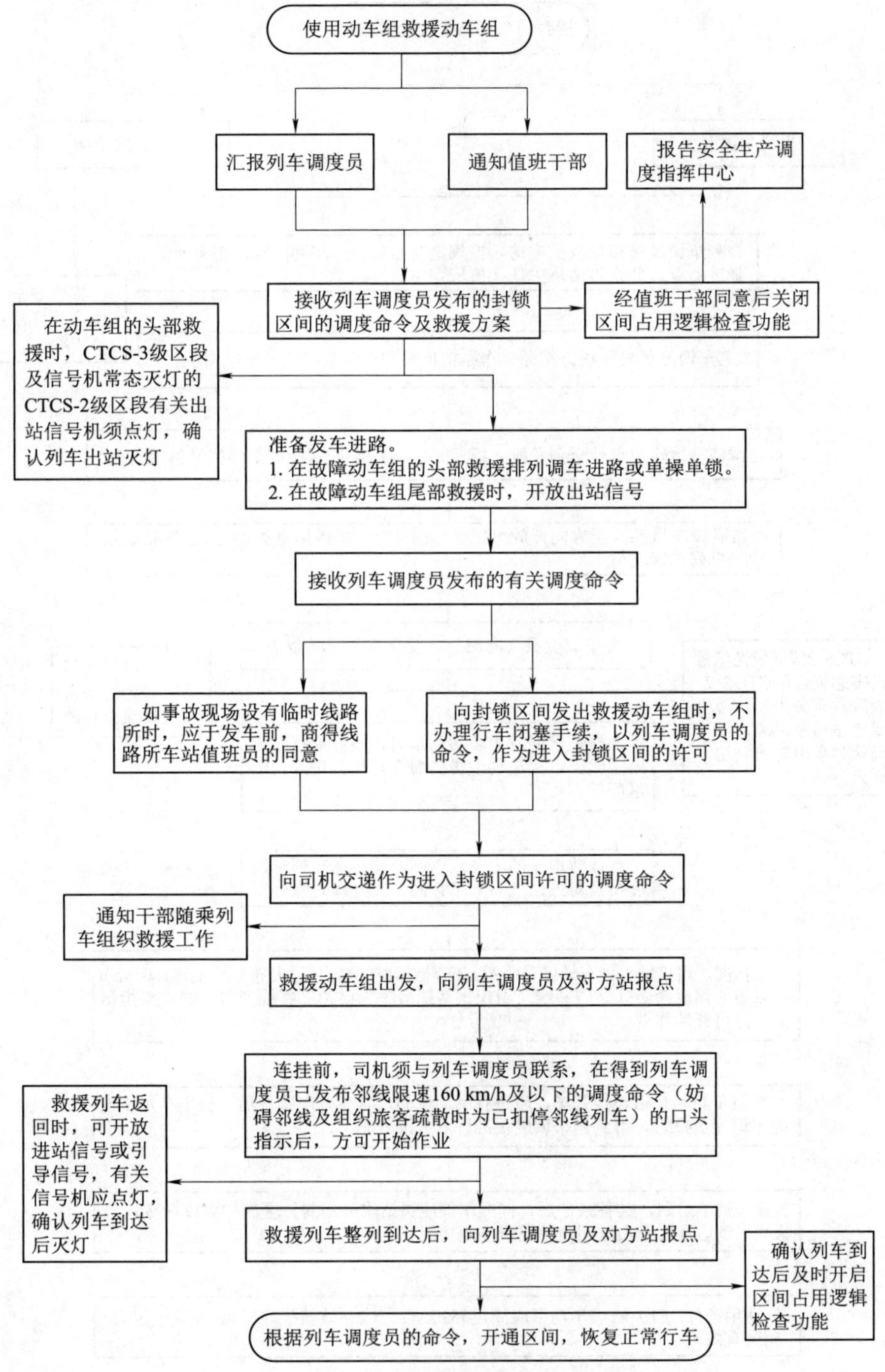

图 3-43 使用动车组救援动车组的应急处置流程

参照文件:《技规》第 445～453 条

四十四、使用轨道车救援动车组

使用轨道车救援动车组的应急处置流程如图 3-44 所示。

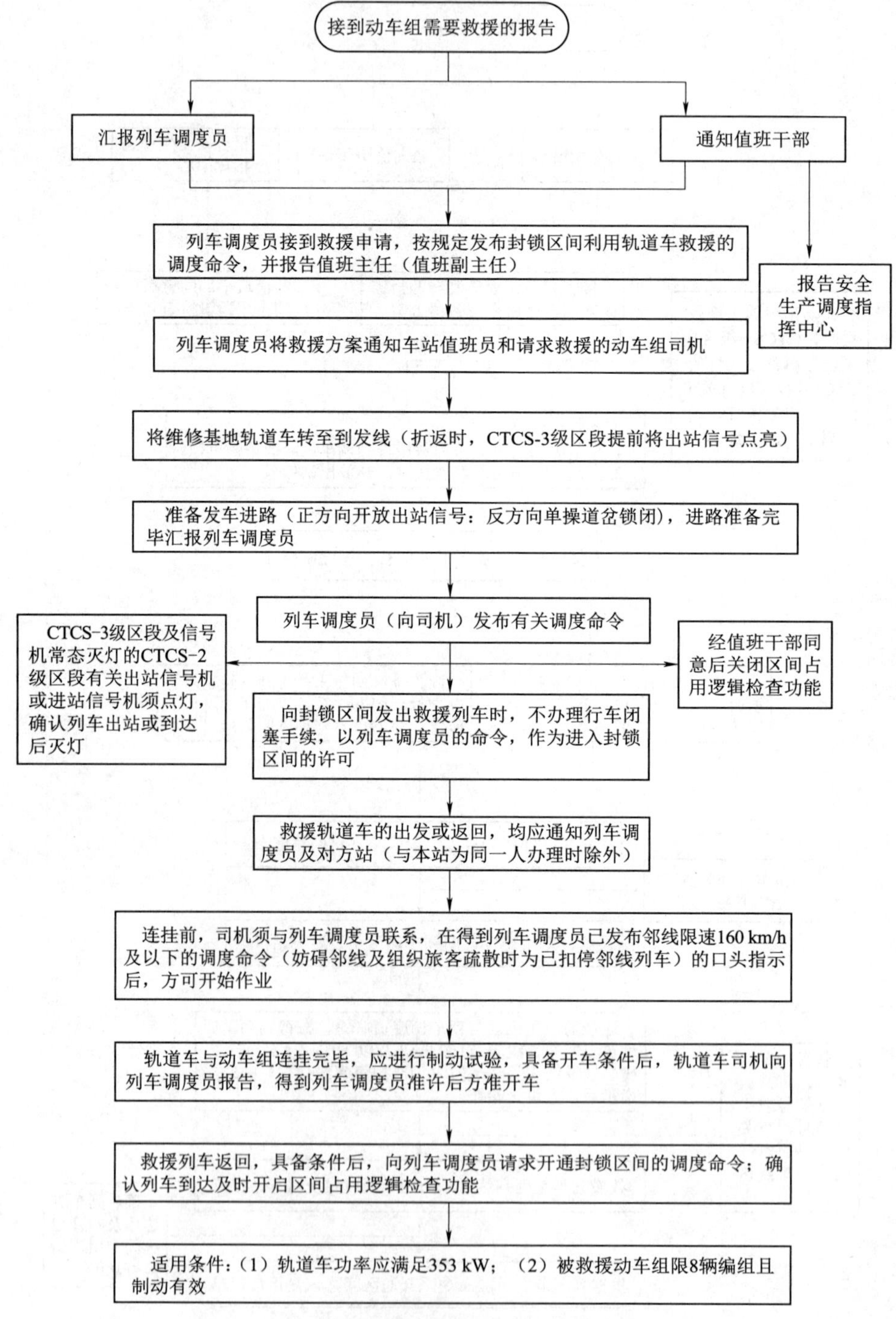

图 3-44　使用轨道车救援动车组的应急处置流程

参照文件:《高速铁路利用工务轨道车、接触网作业车救援动车组处置规定》(京铁科信〔2018〕530 号)

四十五、按 LKJ 方式运行的动车组遇机车信号、列车运行监控装置(LKJ)故障

按 LKJ 方式运行的动车组遇机车信号、列车运行监控装置(LKJ)故障的应急处置流程如图 3-45 所示。

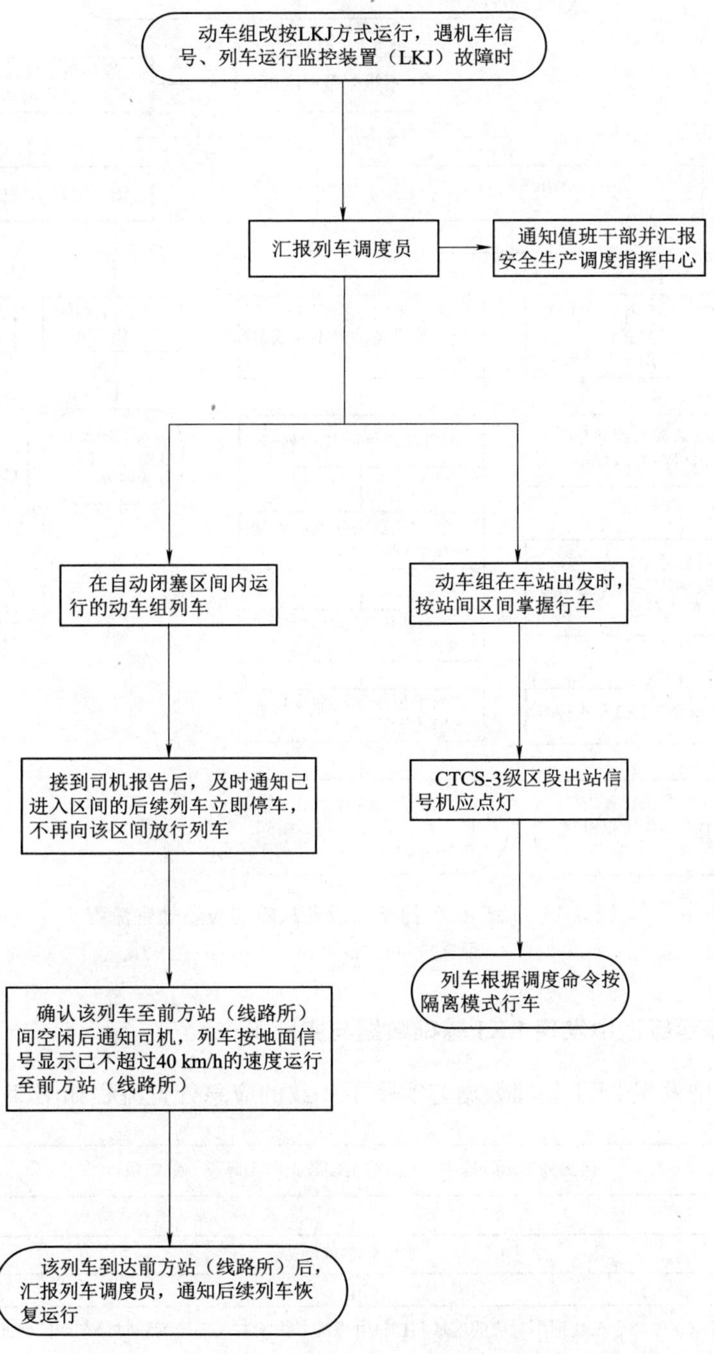

图 3-45　按 LKJ 方式运行的动车组遇机车信号、列车运行监控装置(LKJ)故障的应急处置流程

参照文件:《技规》第 362～364 条

四十六、动车组列控车载设备故障

动车组列控车载设备故障的应急处置流程如图 3-46 所示。

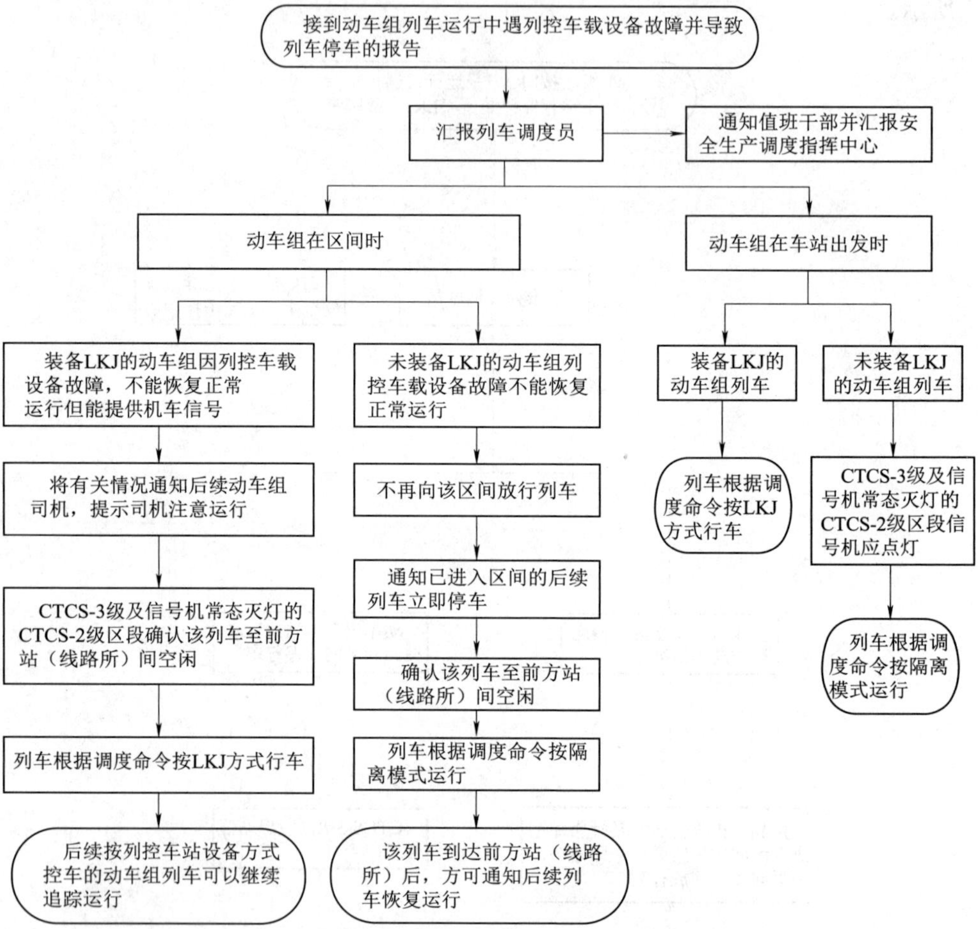

接到动车组列车运行中遇列控车载设备故障并导致列车停车的报告

汇报列车调度员

通知值班干部并汇报安全生产调度指挥中心

动车组在区间时

动车组在车站出发时

装备LKJ的动车组因列控车载设备故障，不能恢复正常运行但能提供机车信号

将有关情况通知后续动车组司机，提示司机注意运行

CTCS-3级及信号机常态灭灯的CTCS-2级区段确认该列车至前方站（线路所）间空闲

列车根据调度命令按LKJ方式行车

后续按列控车站设备方式控车的动车组列车可以继续追踪运行

未装备LKJ的动车组列控车载设备故障不能恢复正常运行

不再向该区间放行列车

通知已进入区间的后续列车立即停车

确认该列车至前方站（线路所）间空闲

列车根据调度命令按隔离模式运行

该列车到达前方站（线路所）后，方可通知后续列车恢复运行

装备LKJ的动车组列车

列车根据调度命令按LKJ方式行车

未装备LKJ的动车组列车

CTCS-3级及信号机常态灭灯的CTCS-2级区段信号机应点灯

列车根据调度命令按隔离模式运行

图 3-46　动车组列控车载设备故障的应急处置流程

参照文件:《技规》第 357～361 条

四十七、列车运行途中发现 LKJ 基础数据与实际不一致

列车运行途中发现 LKJ 基础数据与实际不一致的应急处置流程如图 3-47 所示。

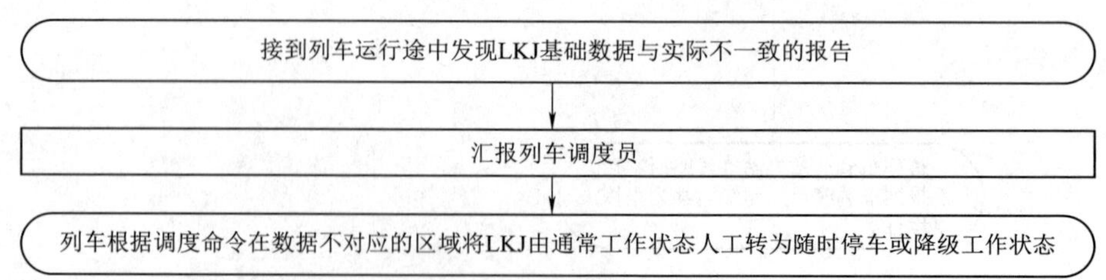

图 3-47　列车运行途中发现 LKJ 基础数据与实际不一致的应急处置流程

参照文件:《北京铁路局列车运行监控装置(LKJ)运行维护管理办法》(京铁电〔2022〕9 号)

四十八、列车运行途中自动降弓

列车运行途中自动降弓的应急处置流程如图 3-48 所示。

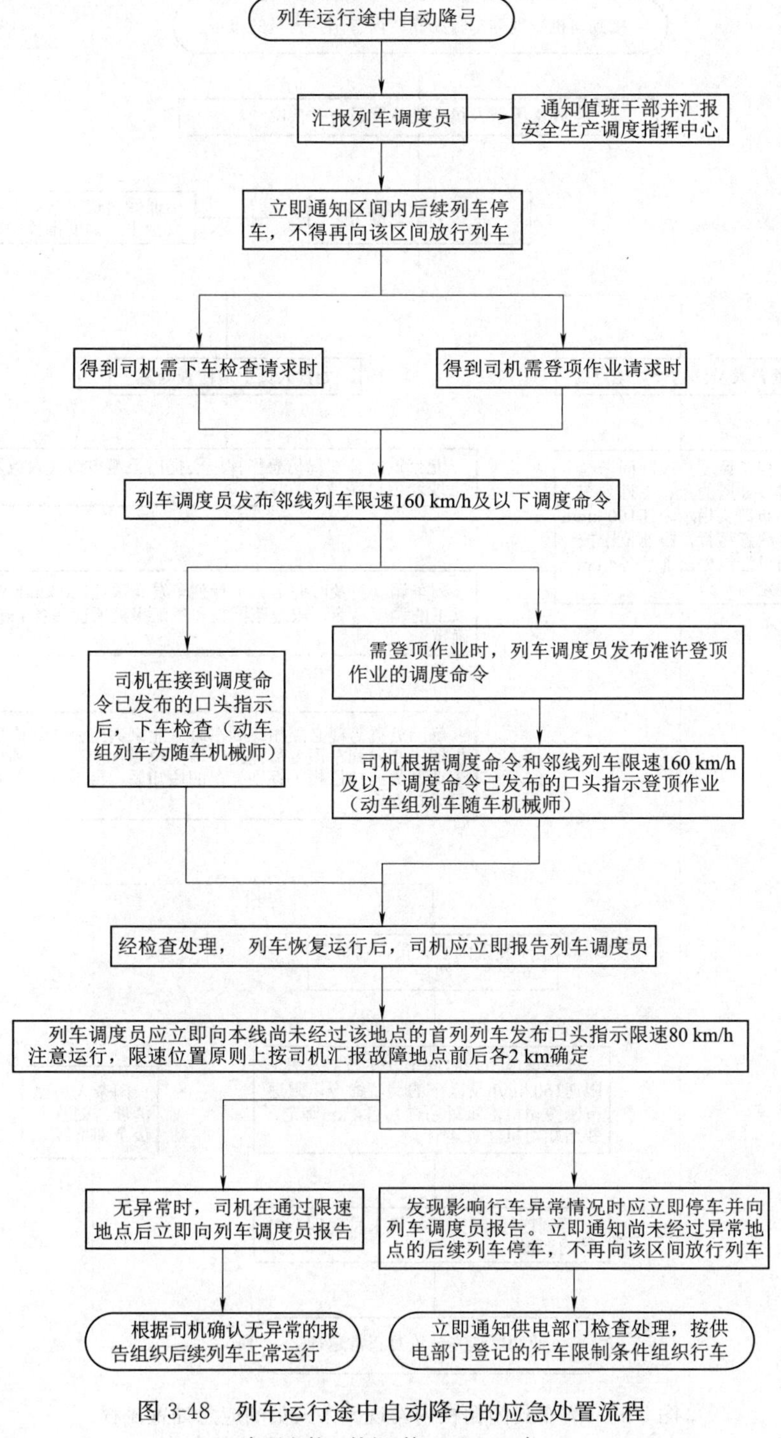

图 3-48　列车运行途中自动降弓的应急处置流程

参照文件:《技规》第 396～400 条

四十九、列车封闭栅栏内发现闲杂人员

列车封闭栅栏内发现闲杂人员的应急处置流程如图 3-49 所示。

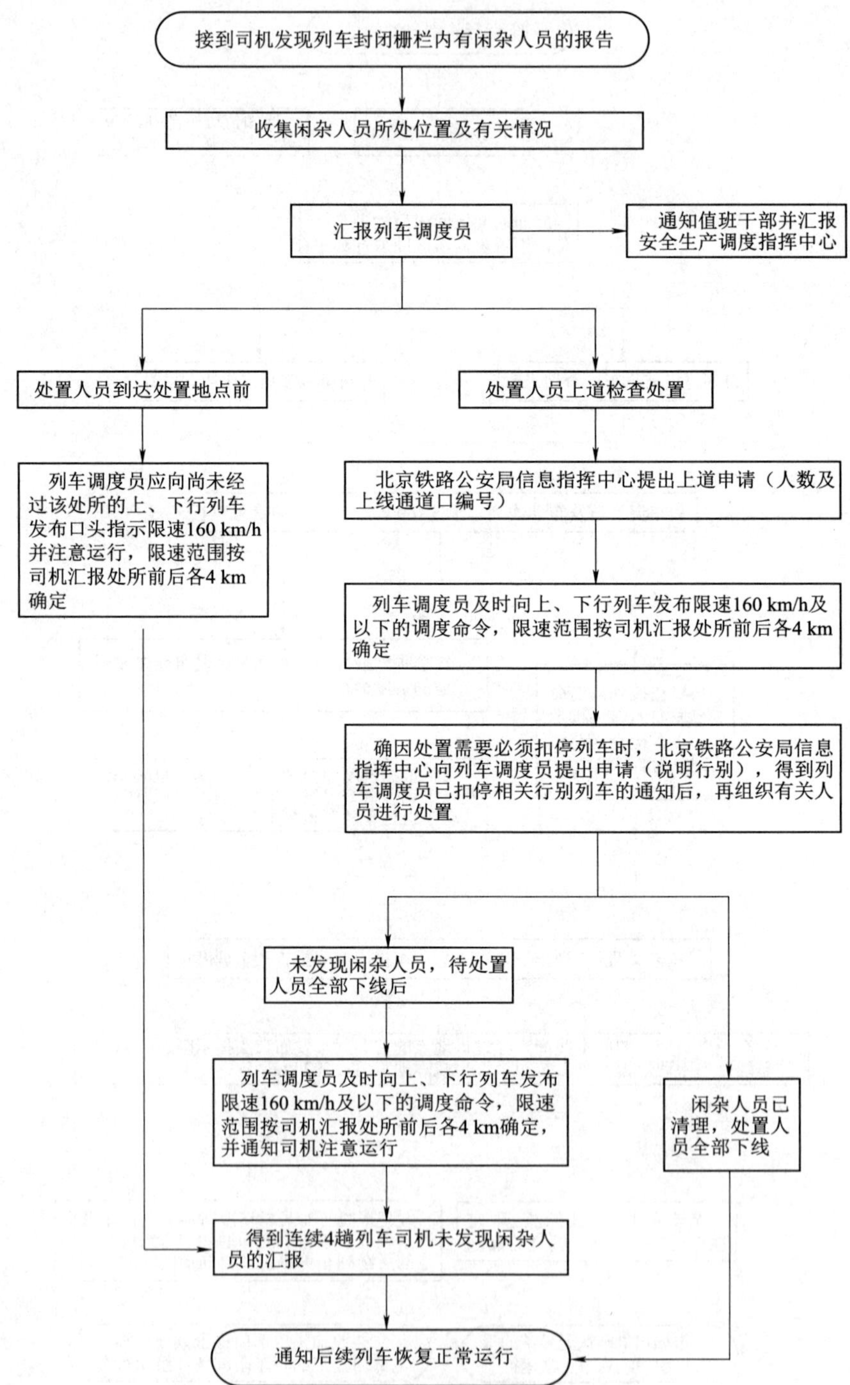

图 3-49　列车封闭栅栏内发现闲杂人员的应急处置流程

参照文件:《行细》第 89 条

五十、电力机车、动车组在电分相无电区停车

电力机车、动车组在电分相无电区停车的应急处置流程如图 3-50 所示。

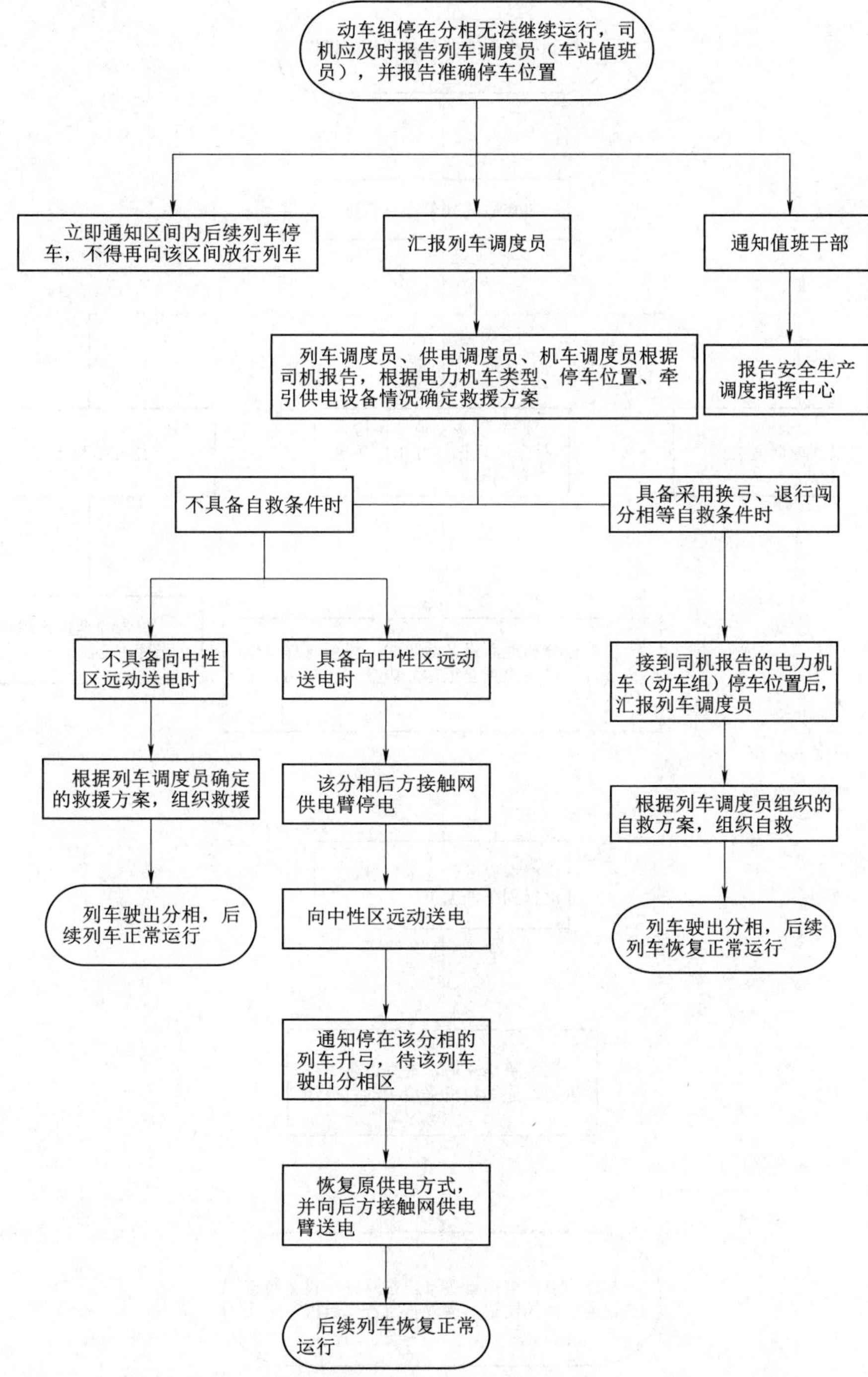

图 3-50　电力机车、动车组在电分相无电区停车的应急处置流程

参照文件:《技规》第 425～427 条

五十一、自动过分相地面设备故障

自动过分相地面设备故障的应急处置流程如图 3-51 所示。

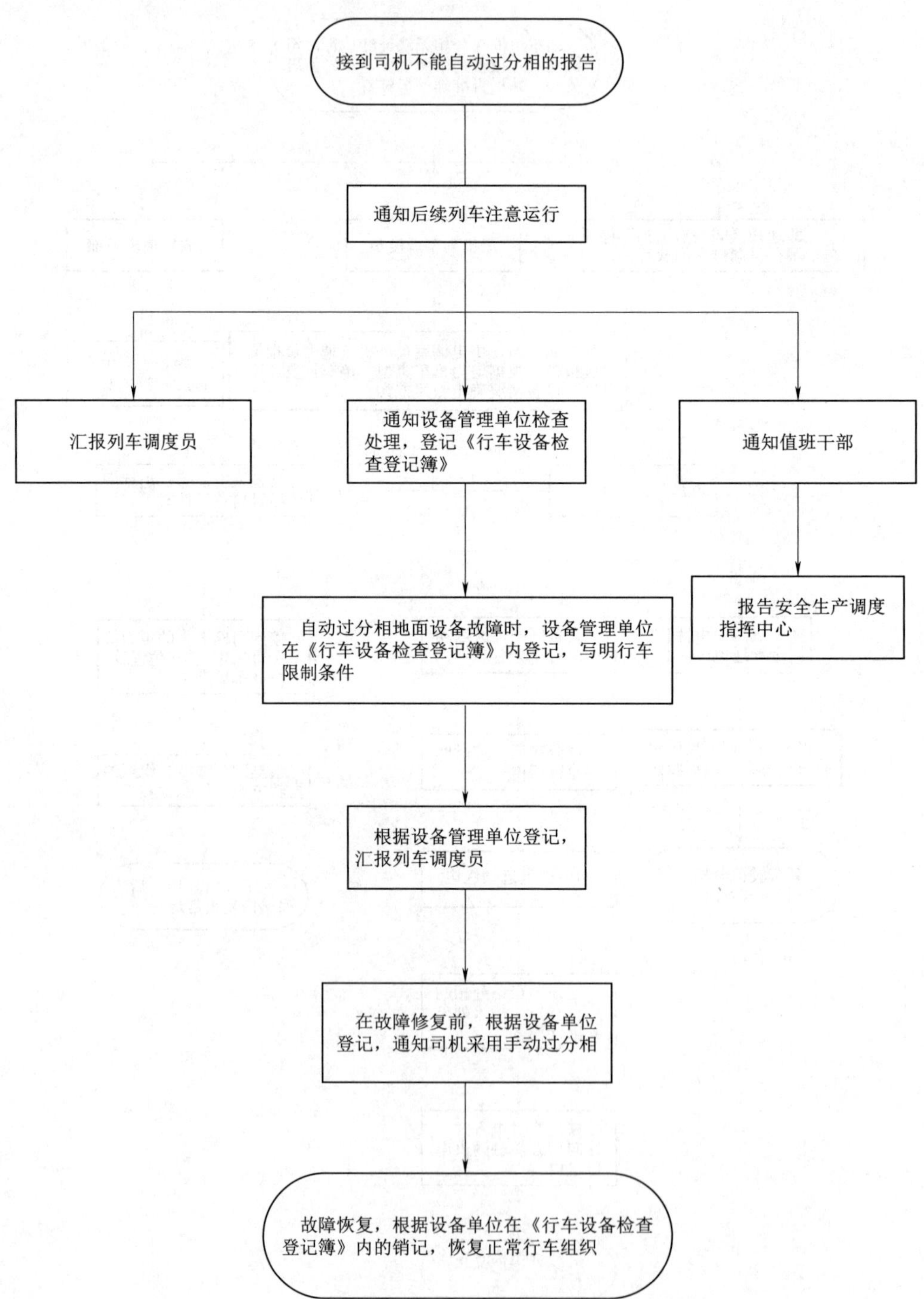

图 3-51　自动过分相地面设备故障的应急处置流程

参照文件:《技规》第 401、402 条,《北京局集团公司高速铁路突发事件应急预案》(京铁办〔2021〕251 号)

五十二、启动热备动车组

启动热备动车组的应急处置流程如图 3-52 所示。

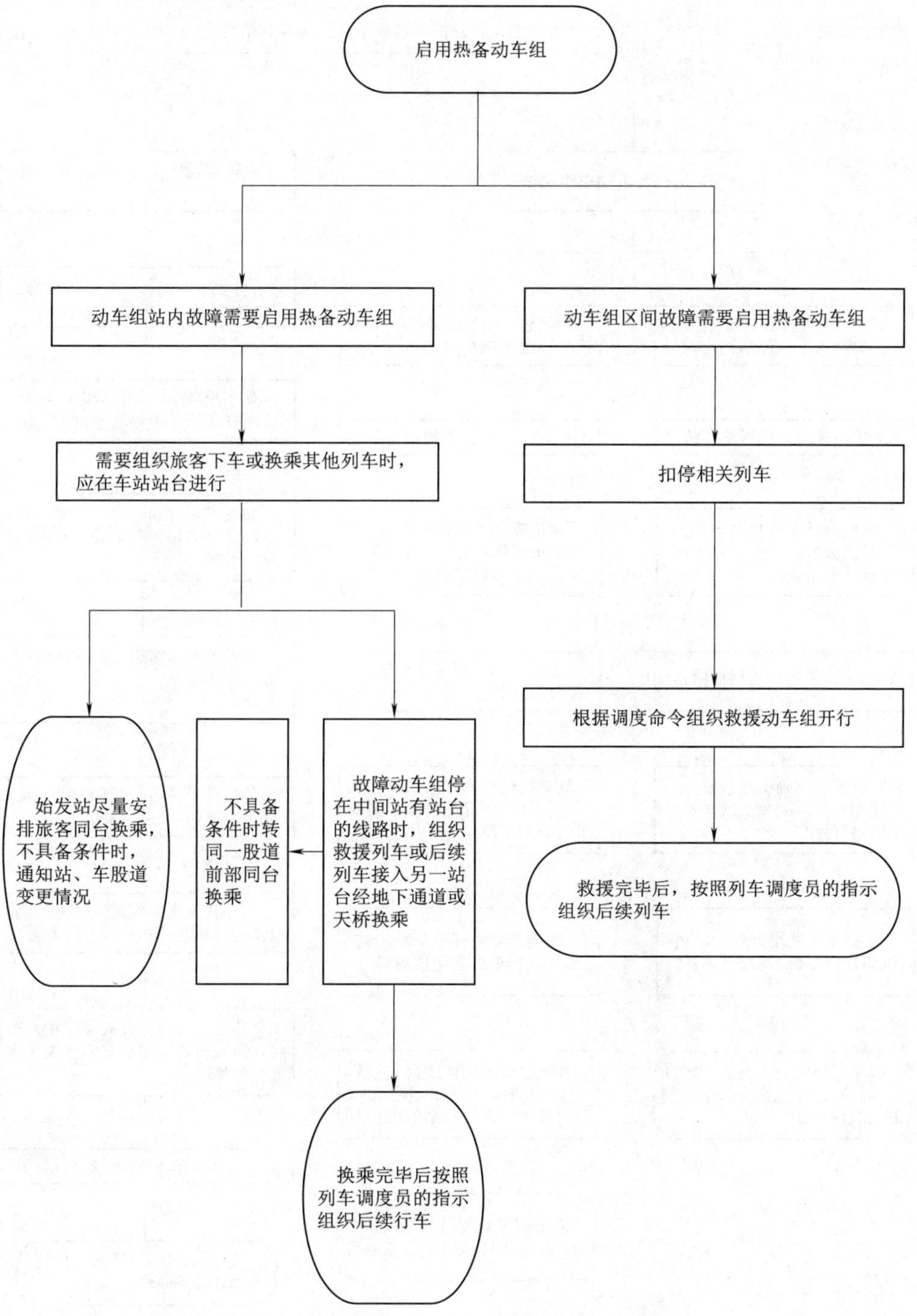

图 3-52　启动热备动车组的应急处置流程

参照文件:《技规》第 454～459 条、《北京局集团公司高速铁路突发事件应急预案》(京铁办〔2021〕251 号)

五十三、特殊情况下列车在站内停车后临时移动

特殊情况下列车在站内停车后临时移动的应急处置流程如图 3-53 所示。

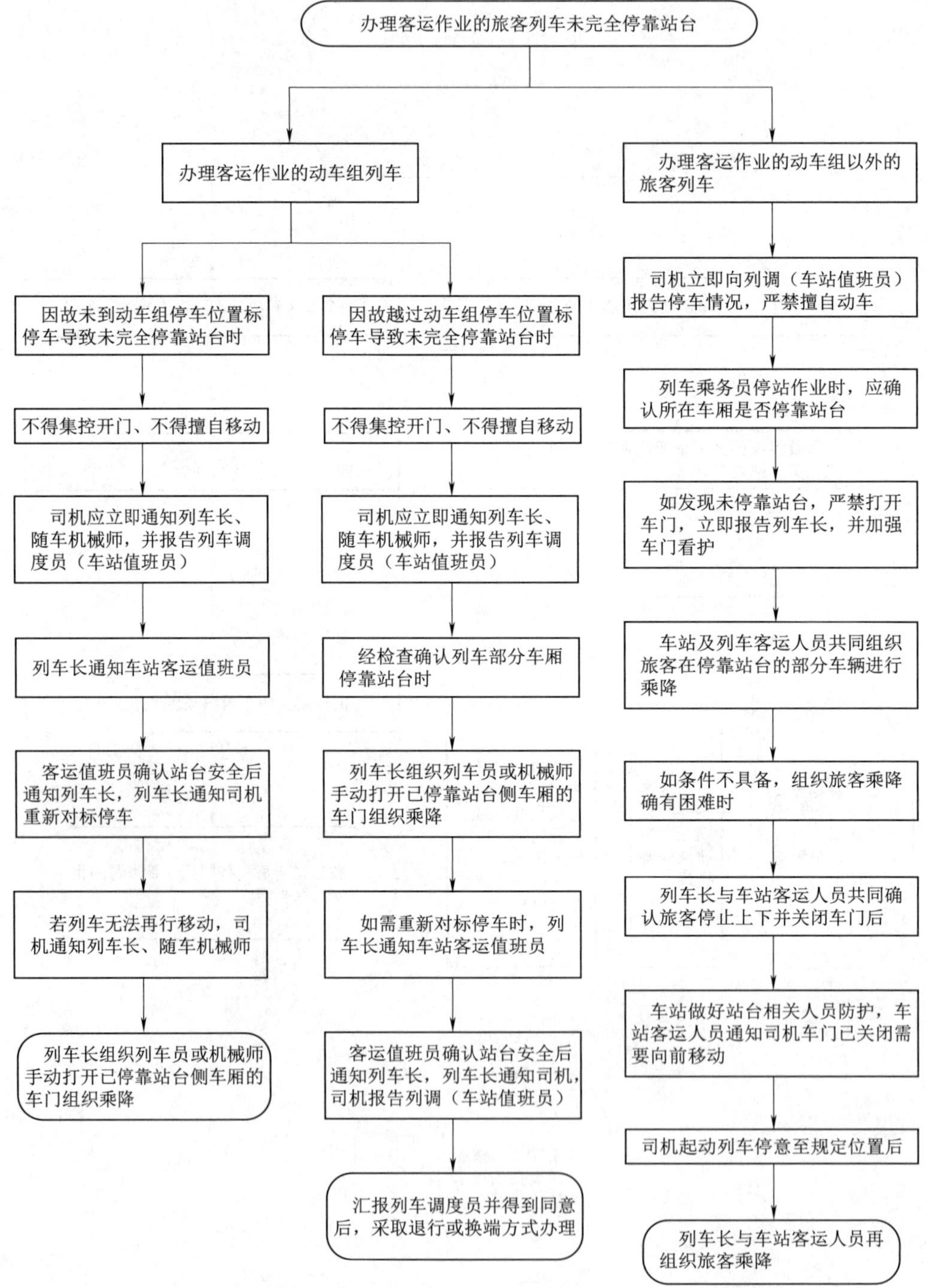

图 3-53　特殊情况下列车在站内停车后临时移动的应急处置流程

参照文件:《技规》第 291 条、《行细》第 48 条

五十四、天气恶劣难以辨认信号行车

天气恶劣难以辨认信号行车的应急处置流程如图 3-54 所示。

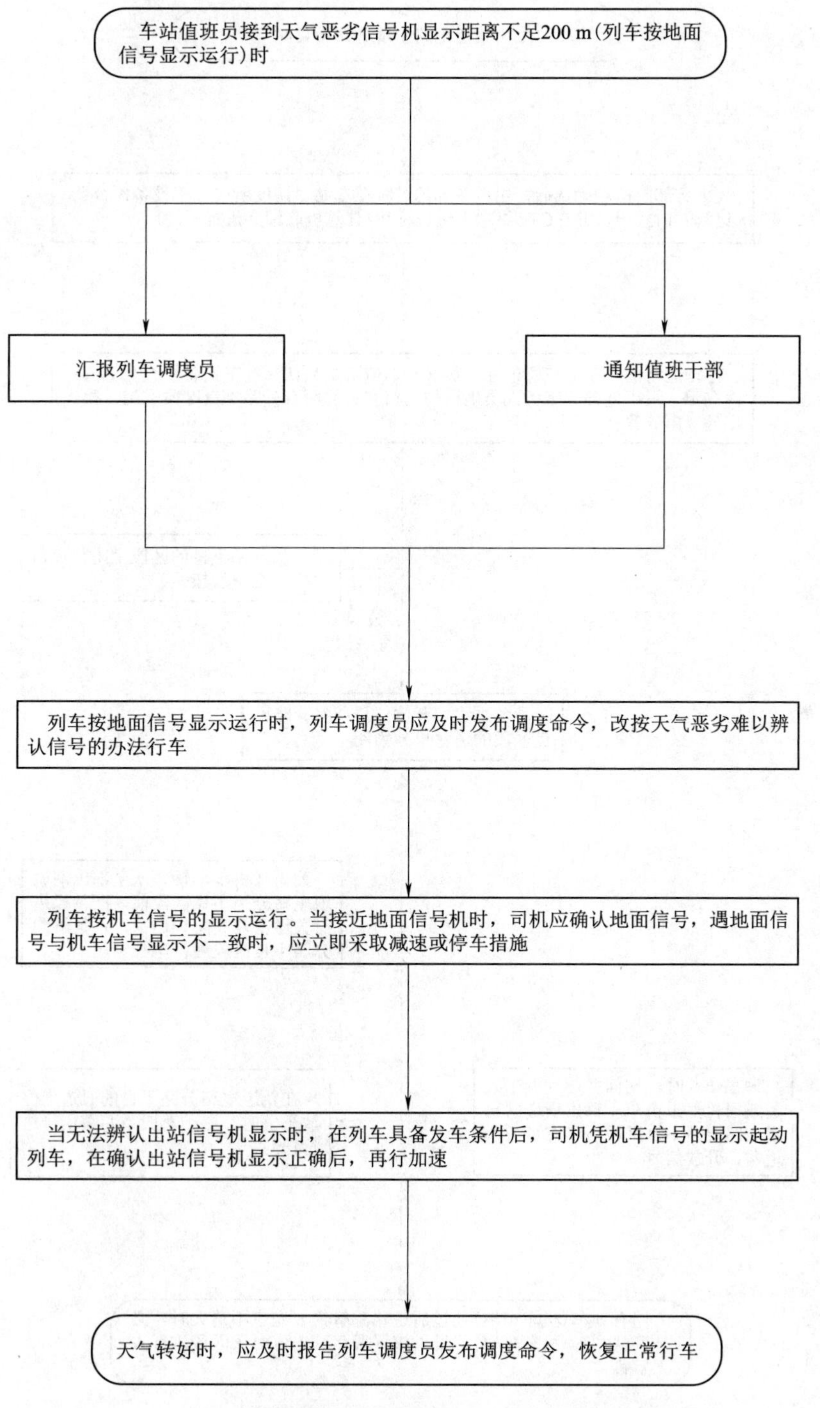

图 3-54　天气恶劣难以辨认信号行车的应急处置流程

参照文件:《技规》第 355、356 条

五十五、站内轨道电路分路不良

站内轨道电路分路不良的应急处置流程如图 3-55 所示。

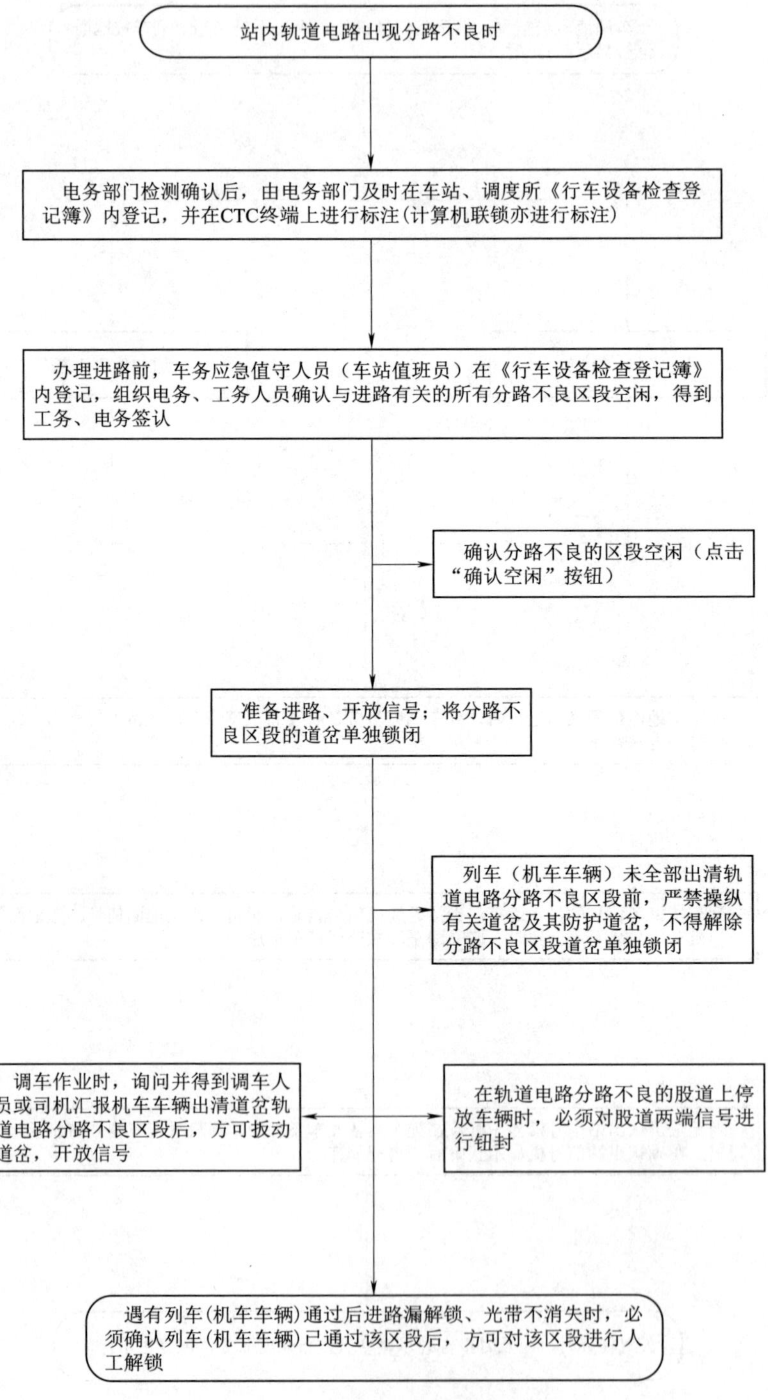

图 3-55　站内轨道电路分路不良的应急处置流程

参照文件:《技规》第 375、376 条

第四章　非正常接发列车实例讲解

本章以标准站非正常接发列车为实例进行表述。标准站示意图如图 4-1 所示。

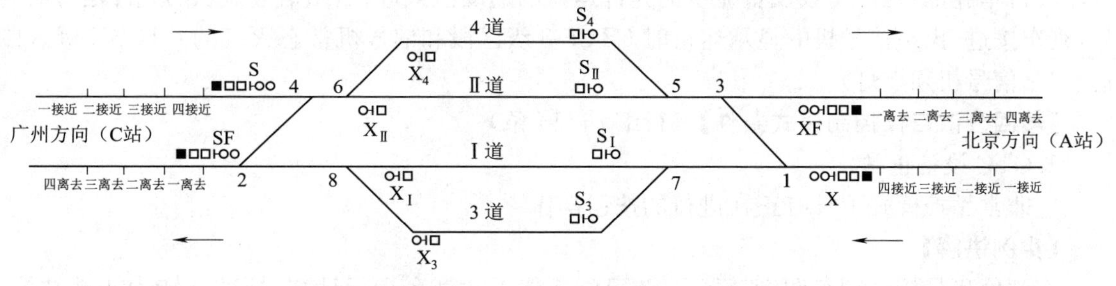

图 4-1　标准站示意图

一、标准站简介

1. 标准站及广州方向(C 站)为车站操作方式的车站，设车站值班员；北京方向(A 站)为中心操作方式的车站，设车务应急值守人员。

2. 标准站为双线双方向自动闭塞区段，正方向自动闭塞，反方向自动站间闭塞。

3. 为了能够详细解读各种情况下非正常接发列车作业处置方法，标准站至 C 站间设为 CTCS-3 级列控系统，上行进站信号机、下行出站信号机常态灭灯，进站、出站信号机设引导信号；标准站至 A 站间设为 CTCS-2 级列控系统，下行进站信号机、上行出站信号机常态点灯，下行进站信号机设引导信号，上行出站信号机不设引导信号；在 XF 进站信号外方及 X 进站信号机外方设有级间转换标。

4. 标准站站内道岔均为 18 号道岔。

5. 标准站至 C 站间、标准站至 A 站间具备区间占用逻辑检查功能，操作权在标准站。

6. 标准站不设调车信号机。

7. 为了能够全面了解掌握高速铁路作业要领，封锁线路、邻线限速、行车凭证的确定等作业全部由车站值班员向列车调度员请示，列车调度员根据车站值班员的请示发布调度命令。

二、分散自律控制模式转非常站控

【转入非常站控条件】(《技规》第 206 条、第 294 条、《行细》第 14 条)

1. 施工、维修作业需要时(需在施工计划中注明)。

2. 发生危及行车安全的情况需要时(线路上有障碍物等危及行车安全情形)。

3. 调度集中设备故障(《技规》第 366 条、第 368 条、第 369 条)：

(1)CTC 不能下达列车运行计划。

(2)CTC 设备登记停用或全站表示信息中断未及时恢复时。

(3)调度所及车站CTC设备均不能正确显示列车占用状态。

4. 高速铁路一个调度区段内中心操作方式的车站，确因路用列车转线作业较多时，根据需要可转为非常站控模式。(《中国铁路北京局集团有限公司营业线施工管理实施细则》京铁施工〔2021〕300号第78条第1款第9项)

【办理规则】

1. 预告：按《行细》第38条执行。

2. 准备进路：在联锁机上点击始终端按钮排列进路开放信号。

3. 行车凭证：列控车载设备显示的允许运行的速度值或进、出站信号显示的允许运行的信号(列车按进、出站信号机的显示运行时CTCS-3级区段和信号机常态灭灯的CTCS-2级区段进、出站信号机须点灯)。

【转回分散自律控制模式条件】(《行细》第14条)

1. CTC设备正常。

2. 非常站控模式下没有正在进行的按钮操作。

【实例讲解】

车站值班员接到列车调度员指示："CTC不能下达列车运行计划，标准站转为非常站控"办理G302次通过。

1. 通知干部上岗："调度所CTC设备故障不能下达列车运行计划，需要转为非常站控，请上岗。"

2. 通知安全生产调度指挥中心："调度所CTC设备故障不能下达列车运行计划，需要转为非常站控，请盯控。"

3. 与列车调度员核对设备情况、站内停留车情况、列车运行计划、邻站(线路所)控制模式及与本站(线路所)有关的调度命令等情况。

4. 报告列车调度员："干部已到岗，标准站可以转为非常站控。"

5. 在联锁机上点击"非常站控按钮。"

6. 报告列车调度员："标准站已转为非常站控。"

7. 通知C站："标准站已转为非常站控。"(A站为中心操作方式的车站不用通知)

8. 登记《行车设备检查登记簿》(加封登记)：

"因办理由分散自律控制模式转为非常站控操作，使用非常站控按钮，使用后计数器号码由×号变为×号"。

车站值班员：张三。

9. 电话抄收阶段计划"G302次通过"。

10. 办理预告。C站向标准站预告："G302次预告。"标准站："同意G302次预告。"填写《行车日志》。

11. 确认接车线路："G302次接Ⅱ道。"

12. 复诵C站开车通知："G302次×点×分开。"填写《行车日志》。

13. 车站值班员口呼："G302次开过来。"

14. 标准站向列车调度员(A站为中心控制)预告："G302次预告。"A站列车调度员："同意G302次预告。"填写《行车日志》。

15. 确认接车线路空闲，口呼："Ⅱ道空闲。"

16. 在联锁机上点击始终端按钮排列 G302 次列车进路，开放信号，确认进、出站信号显示正确后口呼："Ⅱ道进、出站信号好了。"

17. 预告 G302 次司机："G302 次标准站已转为非常站控。"

18. 车机联控："G302 次标准站Ⅱ道通过。"

19. 确认列车通过行车室后向列车调度员报点："G302 次×点×分通过。"

20. 向 C 站报点："G302 次×点×分到。"

21. 填写《行车日志》。

22. 车站值班员接到列车调度员 CTC 设备恢复正常需要标准站转回分散自律控制模式的指示。

23. 车站值班员通知干部盯控，确认非常站控模式下没有正在执行的按钮操作，点击"非常站控按钮"转回分散自律控制模式。

24. 报告列车调度员："标准站已转回分散自律控制模式。"

25. 通知安全生产调度指挥中心："标准站已转回分散自律控制模式。"

26. 通知 C 站："标准站已转回分散自律控制模式。"

27. 登记《行车设备检查登记簿》(加封登记)：

"因办理由非常站控转回分散自律控制模式操作使用非常站控按钮，使用后计数器号码由×号变为×号"。

车站值班员：张三。

28. 通知电务部门计数器启封登记。

29. 车站值班员签认。

三、信号机常态点灯的 CTCS-2 级区段进站信号机故障接车(不能显示进行信号及红灯灭灯)

【办理规则】

1. 预告：正常。

2. 准备进路：排列调车进路或单操单锁。

3. 行车凭证：调度命令。

4. 办理方式：车站操作方式的车站在 CTC 车务终端办理；中心操作的车站经列车调度员准许转为非常站控后在联锁机车务终端办理。

5. 控车方式：装有 LKJ 的动车组列车根据调度命令转 LKJ 控车进站；LKJ 故障或未装 LKJ 的动车组列车根据调度命令转隔离模式进站。

【故障现象】

信号操作终端进站信号机复示器红灯闪光。

【实例讲解】

G301 次通过。

1. 核对列车运行计划后设置自触，口呼："自触设置好。"

设置故障：下行进站信号机灯丝断丝(此故障是指进站信号机进行信号和红灯均灭灯)。

2. 车站值班员通过信号操作终端确认故障现象，口呼："灯丝报警，下行进站信号机复示器闪红灯。"

3. 车机联控："G301 次标准站机外停车。"

4. 报告列车调度员："灯丝报警，下行进站信号机复示器闪红灯，已呼叫 G301 次机外停车。"

5. 通知干部上岗盯控："灯丝报警，下行进站信号机复示器闪红灯，请上岗。"

6. 通知安全生产调度指挥中心："灯丝报警，下行进站信号机复示器闪红灯，请盯控。"

7. 通知电务："李四（电务姓名），灯丝报警，下行进站信号机复示器红灯闪光，检查设备。"

8. 登记《行车设备检查登记簿》（故障登记）：

"灯丝报警，下行进站信号机复示器红灯闪光"。

电话：　　　电务姓名：李四；

车站值班员：张三。

9. 电务部门登记："请求封锁 A 站至标准站下行线××km＋××m 至××km＋××m，邻线××km＋××m 至××km＋××m 限速 160 km/h 及以下。"

10. 车站值班员签认电务登记。

11. 报告列车调度员："电务部门登记，请求封锁 A 站至标准站下行线××km＋××m 至××km＋××m，邻线××km＋××m 至××km＋××m 限速 160 km/h 及以下；标准站请求封锁 A 站至标准站下行线××km＋××m 至××km＋××m 的调度命令和邻线××km＋××m 至××km＋××m 限速 160 km/h 及以下的调度命令。"

12. 签认本线封锁的调度命令，听取列车调度员邻线限速的调度命令已下达的口头指示。

13. 将本线封锁的调度命令交给电务人员，并通知电务人员邻线限速调度命令已下达。电务人员上线检查设备。

14. 电务部门检查后登记"下行进站信号机故障，暂时不能修复，下行进站信号机停用。"并报告人员已下线。

15. 车站值班员签认后报告列车调度员："电务部门登记下行进站信号机故障，暂时不能修复，下行进站信号机停用，人员已下线；标准站请求开通 A 站至标准站下行线××km＋××m 至××km＋××m 的调度命令和邻线××km＋××m 至××km＋××m 恢复正常行车的调度命令。"

16. 签收调度命令后报告列车调度员："标准站先准备 G301 次接车进路，进路准备妥当后再请求准许 G301 次进站的调度命令。"[作为行车凭证的调度命令，在接发列车进路准备妥当后，方可向司机发布（转达）。（《技规》第 271 条第 2 款）]

17. 确认接车进路空闲，口呼："Ⅰ道空闲。"

18. 准备进路：确认进路上的有关道岔开口位置正确后单锁进路上的有关道岔。[有调车信号的车站可使用总人解（或总取消）按钮＋接车始端按钮解锁原接车进路，然后正排或反排调车信号锁闭进路。]

19. 进路准备好后，呼叫 G301 次是否装有 LKJ 设备；G301 次司机报告 G301 次装有 LKJ 设备。（装有 LKJ 的动车组列车根据调度命令转 LKJ 控车进站；LKJ 故障或未装 LKJ 的动车组列车根据调度命令转隔离模式进站。）

20. 报告列车调度员："G301 次Ⅰ道接车进路好了，G301 次装有 LKJ 设备。"标准站请求准许 G301 次进站的调度命令和 G301 次由列控车载设备控车转 LKJ 控车的调度命令。

21. 签收准许 G301 次进站的调度命令后使用调度命令无线传送系统向 G301 次司机发送，并确认司机签收[使用调度命令无线传送系统传送行车凭证，列车调度员办理接发列车时，由列车调度员传送，车站值班员办理接发列车时，由车站值班员传送。(《技规》第271条第3款)]；并询问G301次是否收到改按LKJ控车的调度命令(此命令由列车调度员向司机传送)。

22. 车机联控："G301次Ⅰ道接车进路好了，Ⅰ道通过。"

23. 解锁进路：

(1)单解；

(2)总人解(或总取消)按钮＋接车始端按钮。(如出现故障的一刻列车未压上接近区段时，可使用总取消按钮解锁进路。)

24. 询问电务部门故障是否消除，如已消除进行试验，良好后签认《行车设备检查登记簿》。

25. 报告列车调度员："下行进站信号机恢复正常。"

26. 登记《行车设备检查登记簿》(加封登记)：

"因办理G301次接车进路解锁，启封使用总人解按钮。使用后计数器号码由×号变为×号"。

车站值班员：张三。

27. 通知电务部门计数器登记，车站值班员签认。

四、信号机常态点灯的CTCS-2级区段进站信号机故障接车(能显示红灯但不能显示进行信号)

【办理规则】

1. 预告：正常。

2. 准备进路：将道岔单操至所需位置确认进路正确(设有调车信号的车站排列调车进路，取消开放的调车信号)或使用原接车进路。

3. 行车凭证：列控车载设备显示的允许运行的速度值(引导模式)(列控车载设备故障时车站值班员询问司机是否装有LKJ设备，装有LKJ设备的动车组列车根据调度命令转LKJ控车；LKJ设备故障或未装备LKJ的动车组列车根据调度命令转隔离模式控车，司机凭引导信号进站)。

4. 办理方式：车站操作方式的车站在CTC车务终端办理；中心操作的车站经列车调度员准许转为非常站控后在联锁机车务终端办理。

【故障现象】

信号操作终端上进站信号机复示器灭灯(进站信号机能显示红灯但不能显示进行信号)。

【实例讲解】

G302次通过。

1. 核对列车运行计划后设置自触，口呼："自触设置好。"

设置故障：上行进站信号机灯灭灯(此故障是指进站信号机能显示红灯但不能显示进行信号)。

2. 车站值班员通过信号操作终端确认故障现象，口呼："上行进站信号机复示器开放后关闭。"(如果进站信号机不能开放，则口呼："上行进站信号机复示器不能开放。")

3. 车机联控："G302次标准站机外停车。"

4. 报告列车调度员："上行进站信号机复示器开放后关闭，已呼叫G302次机外停车。"

5. 通知干部上岗盯控："上行进站信号机复示器开放后关闭，请上岗。"

6. 通知安全生产调度指挥中心："上行进站信号机复示器开放后关闭，请盯控。"

7. 通知电务："李四(电务姓名)，上行进站信号机复示器开放后关闭，检查设备。"

8. 登记《行车设备检查登记簿》(故障登记):

“上进站信号机复示器开放后关闭”。

电话:　　电务姓名:李四;

车站值班员:张三。

9. 电务部门登记:“请求封锁C站至标准站上行线××km+××m至××km+××m,邻线××km+××m至××km+××m限速160 km/h及以下。”

10. 车站值班员签认电务登记。

11. 报告列车调度员:“电务部门登记,请求封锁C站至标准站上行线××km+××m至××km+××m,邻线××km+××m至××km+××m限速160 km/h及以下;标准站请求封锁C站至标准站上行线××km+××m至××km+××m的调度命令和邻线××km+××m至××km+××m限速160 km/h及以下的调度命令。”

12. 签认本线封锁的调度命令,听取列车调度员邻线限速的调度命令已下达的口头指示。

13. 将本线封锁的调度命令交给电务人员,并通知电务人员邻线限速调度命令已下达。电务人员上线检查设备。

14. 电务部门检查后登记:“上行进站信号机故障,暂时不能修复,上行进站信号机停用(引导信号除外)。”并报告人员已下线。

15. 车站值班员签认后报告列车调度员:“电务部门登记上行进站信号机故障,暂时不能修复,上行进站信号机停用(引导信号除外),人员已下线,标准站请求开通C站至标准站上行线××km+××m至××km+××m的调度命令和邻线××km+××m至××km+××m恢复正常行车的调度命令。”

16. 签收调度命令后报告列车调度员:“标准站请求G302次引导接车。”调度员准许。

17. 车机联控预告司机:“G302次标准站准备引导接车。”

18. 确认接车进路空闲,口呼:“Ⅱ道空闲。”

19. 准备进路:通过光带确认Ⅱ道接车进路好了。

20. 点击控制命令栏的“引导按钮”,再点击“上行引导按钮”,开放引导信号。口呼:“Ⅱ道引导信号好了。”

21. 车机联控:“G302次标准站引导接车,Ⅱ道通过。”

22. 确认列车出站后解锁进路:

(1)总人解按钮+接车始端按钮,解除引导锁。

(2)总人解按钮+接车始端按钮,解除开放G302次进站信号时的进路锁。(如排列G302次接车进路时进站信号机不能开放会出现一条白光带,用总取消按钮+接车始端按钮解锁进路。)

23. 询问电务部门故障是否消除,如已消除进行试验,良好后签认《行车设备检查登记簿》。

24. 报告列车调度员:“上行进站信号机恢复正常。”

25. 登记《行车设备检查登记簿》(加封登记):

(1)“因办理G302次引导接车,启封使用上行引导按钮,使用后计数器号码由×号变为×号”。

车站值班员:张三。

(2)“因办理G302次引导进路解锁,启封使用总人解按钮。使用后计数器号码由×号变为×号”。

车站值班员:张三。

(3)“因办理 G302 次接车进路解锁,启封使用总人解按钮。使用后计数器号码由×号变为×号”。

车站值班员:张三。

26.通知电务部门计数器登记,车站值班员签认。

五、进站信号机内方第一轨道电路区段红光带接车

【办理规则】

1.预告:正常。

2.准备进路:将道岔单操至所需位置确认进路正确(有调车信号的车站排列调车信号,取消开放的调车信号)或使用原接车进路。

3.行车凭证:列控车载设备显示的允许运行的速度值(引导模式)(列控车载设备故障时车站值班员询问司机是否装有 LKJ 设备,装有 LKJ 设备的动车组列车根据调度命令转 LKJ 控车;LKJ 设备故障或未装备 LKJ 的动车组列车根据调度命令转隔离模式控车,司机凭引导信号进站,此时 CTCS-3 级区段进站信号机及相对应的接车线末端出站信号机须点灯)。

4.办理方式:车站操作方式的车站在 CTC 车务终端办理;中心操作方式的车站经列车调度员准许转为非常站控后在联锁机车务终端办理。

5.重复点击的间隔时间不超过 15 s。

【故障现象】

信号操作终端上下行进站信号机内方第一轨道电路区段红光带。

【实例讲解】

G303 次通过(说明:CTCS-3 级和 CTCS-2 级区段接车作业程序及作业方法一致)。

1.核对列车运行计划后设置自触,口呼:“自触设置好。”

设置故障:信号操作终端上下行进站信号机内方第一轨道电路区段红光带。

2.车站值班员通过信号操作终端确认故障现象,口呼:“下行进站信号机内方第一轨道电路区段红光带。”

3.车机联控:“G303 次标准站机外停车。”

4.报告列车调度员:“下行进站信号机内方第一轨道电路区段红光带,已呼叫 G303 次机外停车。”

5.通知干部上岗盯控:“下行进站信号机内方第一轨道电路区段红光带,请上岗。”

6.通知安全生产调度指挥中心:“下行进站信号机内方第一轨道电路区段红光带,请盯控。”

7.通知工务、电务:

“李四(工务姓名),下行进站信号机内方第一轨道电路区段红光带,检查设备,并检查空闲”。

“王五(电务姓名),下行进站信号机内方第一轨道电路区段红光带,检查设备,并检查空闲”。

8.登记《行车设备检查登记簿》(故障登记):

“下行进站信号机内方第一轨道电路区段红光带”。

电话:　　　　工务姓名:李四;

电话：　　　　电务姓名：王五；

车站值班员：张三。

9. 工务、电务部门登记："请求封锁××km+××m至××km+××m，邻线××km+××m至××km+××m限速160km/h及以下。"

10. 车站值班员签认工务、电务登记。

11. 报告列车调度员："工务、电务部门登记，请求封锁××km+××m至××km+××m，邻线××km+××m至××km+××m限速160km/h及以下；标准站请求封锁××km+××m至××km+××m的调度命令和邻线××km+××m至××km+××m限速160km/h及以下的调度命令。"

12. 签认封锁的调度命令，听取列车调度员邻线限速的调度命令已下达的口头指示。

13. 将封锁的调度命令交给工务、电务人员，并通知工务、电务人员邻线限速调度命令已下达。工务、电务人员上线检查设备。

14. 工务部门检查后登记："下行进站信号机内方第一轨道电路区段设备良好。"并报告第一轨道电路区段空闲，人员已下线。

电务部门检查后登记："下行进站信号机内方第一轨道电路区段轨道电路故障，暂时不能修复，经由该处的有关信号机停用(引导信号除外)。"并报告第一轨道电路区段空闲，人员已下线。

15. 车站值班员签认工务、电务登记后报告列车调度员："工务部门登记下行进站信号机内方第一轨道电路区段设备良好；电务部门登记下行进站信号机内方第一轨道电路区段轨道电路故障，暂时不能修复，经由该处的有关信号机停用(引导信号除外)，人员均已下线，标准站请求开通××km+××m至××km+××m的调度命令和邻线××km+××m至××km+××m恢复正常行车的调度命令。"

16. 签收调度命令后报告列车调度员："标准站请求G303次引导接车。"列车调度员准许。

17. 车机联控预告司机："G303次标准站准备引导接车。"

18. 确认接车进路空闲，口呼："Ⅰ道空闲。"

19. 准备进路：通过光带确认Ⅰ道接车进路正确。

20. 点击控制命令栏的"引导按钮"，再点击"下行引导按钮"，开放引导信号，口呼："Ⅰ道引导信号好了。"(重复点击的间隔时间不超过15s)

21. 车机联控："G303次标准站引导接车，Ⅰ道通过。"

22. 联系司机："G303次机车头部是否越过下行进站信号机?"得到司机机车头部已越过进站信号的报告后停止点击，鼠标归位。

23. 确认列车出站后解锁进路：

(1)总人解按钮+接车始端按钮，解除引导锁。

(2)区故解按钮+道岔区段按钮，解除开放G303次进站信号时的进路锁。(使用区故解按钮要通知干部盯控，并执行双人双次确认制度。)

24. 询问电务部门故障是否消除，如已消除进行试验，良好后签认《行车设备检查登记簿》。

25. 报告列车调度员："下行进站信号机内方第一轨道电路区段恢复正常。"

26. 登记《行车设备检查登记簿》(加封登记)：

(1)"因办理G303次引导接车，启封使用下行引导按钮，使用后计数器号码由×号变为×号"。

车站值班员:张三。

(2)"因办理 G303 次引导进路解锁,启封使用总人解按钮,使用后计数器号码由×号变为×号"。

车站值班员:张三。

(3)"因办理 G303 次接车进路解锁,启封使用区故解按钮,使用后计数器号码由×号变为×号"。

车站值班员:张三。

27. 通知电务部门计数器登记,车站值班员签认。

六、到发线轨道电路红光带接车

【办理规则】

1. 预告:正常。

2. 准备进路:将道岔单操至所需位置确认进路正确(有调车信号的车站排列调车信号,取消开放的调车信号)或使用原接车进路。

3. 行车凭证:列控车载设备显示的允许运行的速度值(引导模式)(列控车载设备故障时车站值班员询问司机是否装有 LKJ 设备,装有 LKJ 设备的动车组列车根据调度命令转 LKJ 控车;LKJ 设备故障或未装备 LKJ 的动车组列车根据调度命令转隔离模式控车,司机凭引导信号进站,此时 CTCS-3 级区段进站信号机及相对应的接车线末端出站信号机须点灯)。

4. 办理方式:车站操作方式(或临时转为车站操作方式)的车站在 CTC 车务终端办理;列车调度员指示转为非常站控后在联锁机车务终端办理。

【故障现象】

4 道红光带。

【实例讲解】

G304 次停车(说明:CTCS-3 级和 CTCS-2 级区段接车作业程序及作业方法一致)。

1. 核对列车运行计划后设置自触,口呼:"自触设置好。"

设置故障:信号操作终端上 4 道红光带。

2. 车站值班员通过信号操作终端确认故障现象,口呼:"4 道红光带。"

3. 车机联控:"G304 次标准站机外停车。"

4. 报告列车调度员:"4 道红光带,已呼叫 G304 次机外停车。"

5. 通知干部上岗盯控:"4 道红光带,请上岗。"

6. 通知安全生产调度指挥中心:"4 道红光带,请盯控。"

7. 通知工务、电务:

"李四(工务姓名),4 道红光带,检查设备,并检查空闲。"

"王五(电务姓名),4 道红光带,检查设备,并检查空闲。"

8. 登记《行车设备检查登记簿》(故障登记):

"4 道红光带"。

电话:　　　　工务:李四;

电话:　　　　电务:王五;

车站值班员:张三。

9. 工务、电务部门登记："请求封锁站内 4 道××km＋××m 至××km＋××m，邻线Ⅱ道××km＋××m 至××km＋××m 限速 160 km/h 及以下。"

10. 车站值班员签认工务、电务登记。

11. 报告列车调度员："工务、电务部门登记，请求封锁站内 4 道××km＋××m 至××km＋××m，邻线Ⅱ道××km＋××m 至××km＋××m 限速 160 km/h 及以下；标准站请求封锁站内 4 道××km＋××m 至××km＋××m 的调度命令和邻线Ⅱ道××km＋××m 至××km＋××m 限速 160 km/h 及以下的调度命令。"

12. 签认封锁的调度命令，听取列车调度员邻线限速的调度命令已下达的口头指示。

13. 将封锁的调度命令交给工务、电务人员，并通知工务、电务人员邻线限速调度命令已下达。工务、电务人员上线检查设备。

14. 工务部门检查后登记："4 道设备良好。"并报告 4 道空闲，人员已下线。

电务部门检查后登记："4 道轨道电路故障，暂时不能修复，不影响接发列车，经由 4 道接车的有关进站信号机停用(引导信号除外)。"并报告 4 道空闲，人员已下线。

15. 车站值班员签认工务、电务登记后报告列车调度员："工务部门登记 4 道设备良好；电务部门登记 4 道轨道电路故障，暂时不能修复，经由 4 道接车的有关进站信号机停用(引导信号除外)，人员均已下线，标准站请求开通站内 4 道××km＋××m 至××km＋××m 的调度命令和邻线Ⅱ道××km＋××m 至××km＋××m 恢复正常行车的调度命令。"

16. 签收调度命令后报告列车调度员："标准站请求 G304 次引导接车。"调度员准许。

17. 车机联控预告司机："G304 次标准站准备引导接车。"

18. 准备进路：通过光带确认 4 道接车进路正确。

19. 点击控制命令栏的"引导按钮"，再点击"上行引导按钮"开放引导信号。口呼："4 道引导信号好了。"

20. 车机联控："G304 次标准站引导接车，4 道停车。"

21. 确认列车整列到达后解锁进路：

(1)总人解按钮＋接车始端按钮，解除引导锁。

(2)区故解按钮＋道岔区段按钮，解除开放 G304 次进站信号时的进路锁。(使用区故解按钮要通知干部盯控，并执行双人双次确认制度。)

22. 4 道列车发出后询问电务部门故障是否消除，如已消除进行试验，良好后签认《行车设备检查登记簿》。

23. 报告列车调度员："4 道轨道电路恢复正常。"

24. 登记《行车设备检查登记簿》(加封登记)：

(1)"因办理 G304 次引导接车，启封使用上行引导按钮，使用后计数器号码由×号变为×号"。

车站值班员：张三。

(2)"因办理 G304 次引导进路解锁，启封使用总人解按钮。使用后计数器号码由×号变为×号"。

车站值班员：张三。

(3)"因办理 G304 次接车进路解锁，启封使用区故解按钮。使用后计数器号码由×号变为×号"。

车站值班员：张三。

25. 通知电务部门登记《行车设备检查登记簿》(加封登记),车站值班员签认。

七、部分道岔区段轨道电路故障(不改变道岔位置)接车

【办理规则】

1. 预告:正常。

2. 准备进路:将道岔单操至所需位置确认进路正确(有调车信号的车站能排列调车信号的区段排列调车信号,取消开放的调车信号)或使用原接车进路。

3. 行车凭证:列控车载设备显示的允许运行的速度值(引导模式)(列控车载设备故障时车站值班员询问司机是否装有 LKJ 设备,装有 LKJ 设备的动车组列车根据调度命令转 LKJ 控车;LKJ 设备故障或未装备 LKJ 的动车组列车根据调度命令转隔离模式控车,司机凭引导信号进站,此时 CTCS-3 级区段进站信号机及相对应的接车线末端出站信号机须点灯)。

4. 办理方式:车站操作方式的车站在 CTC 车务终端办理;中心操作的车站经列车调度员准许转为非常站控后在联锁机车务终端办理。

【故障现象】

1 号道岔区段红光带。

【实例讲解】

G305 次停车(说明:CTCS-3 级和 CTCS-2 级区段接车作业程序及作业方法一致)。

1. 核对列车运行计划后设置自触,口呼:"自触设置好。"

设置故障:信号操作终端上 1 号道岔区段红光带。

2. 车站值班员通过信号操作终端确认故障现象,口呼:"1 号道岔区段红光带。"

3. 车机联控:"G305 次标准站机外停车。"

4. 报告列车调度员:"1 号道岔区段红光带,已呼叫 G305 次机外停车。"

5. 通知干部上岗盯控:"1 号道岔区段红光带,请上岗。"

6. 通知安全生产调度指挥中心:"1 号道岔区段红光带,请盯控。"

7. 通知工务、电务:

"李四(工务姓名),1 号道岔区段红光带,检查设备,并检查空闲。"

"王五(电务姓名),1 号道岔区段红光带,检查设备,并检查空闲。"

8. 登记《行车设备检查登记簿》(故障登记):

"1 号道岔区段红光带"。

电话:　　　　工务姓名:李四;

电话:　　　　电务姓名:王五;

车站值班员:张三。

9. 工务、电务部门登记:"请求封锁站内 1 号道岔区段××km+××m 至××km+××m,邻线××km+××m 至××km+××m 限速 160 km/h 及以下。"

10. 车站值班员签认工务、电务登记。

11. 报告列车调度员:"工务、电务部门登记,请求封锁站内 1 号道岔区段××km+××m 至××km+××m,邻线××km+××m 至××km+××m 限速 160 km/h 及以下;标准站请求封锁站内 1 号道岔区段××km+××m 至××km+××m 的调度命令和邻线××km+××m 至××km+××m 限速 160 km/h 及以下的调度命令。"

12. 签认封锁的调度命令，听取列车调度员邻线限速的调度命令已下达的口头指示。

13. 将封锁的调度命令交给工务、电务人员，并通知工务、电务人员邻线限速调度命令已下达。工务、电务人员上线检查设备。

14. 工务部门检查后登记："1 号道岔区段设备良好。"并报告 1 号道岔区段空闲，人员已下线。

电务部门检查后登记："1 号道岔区段轨道电路故障，暂时不能修复，经由 1 号道岔区段的有关信号机停用(引导信号除外)。"并报告 1 号道岔区段空闲，人员已下线。

15. 车站值班员签认工务、电务登记后报告列车调度员："工务登记 1 号道岔区段设备良好；电务部门登记 1 号道岔区段轨道电路故障，暂时不能修复，经由 1 号道岔区段的有关信号机停用(引导信号除外)；人员均已下线，标准站请求开通站内 1 号道岔区段××km+××m 至××km+××m 的调度命令和邻线××km+××m 至××km+××m 恢复正常行车的调度命令。"

16. 签收调度命令后报告列车调度员："标准站请求 G305 次引导接车。"调度员准许。

17. 车机联控预告司机："G305 次标准站准备引导接车。"

18. 确认接车进路空闲，口呼："3 道空闲。"

19. 准备进路：通过光带确认 3 道接车进路好了。

20. 点击控制命令栏的"引导按钮"，再点击"下行引导按钮"开放引导信号。口呼："3 道引导信号好了。"

21. 车机联控："G305 次标准站引导接车，3 道停车。"

22. 确认列车整列到达后解锁进路：

(1)总人解按钮＋接车始端按钮，解除引导锁。

(2)区故解按钮＋道岔区段按钮，解除开放 G305 次进站信号时的进路锁。(使用区故解按钮要通知干部盯控，并执行双人双次确认制度。)

23. 询问电务部门故障是否消除，如已消除进行试验，良好后签认《行车设备检查登记簿》。

24. 报告列车调度员："1 号道岔区段恢复正常。"

25. 登记《行车设备检查登记簿》(加封登记)：

(1)"因办理 G305 次引导接车，启封使用下行引导按钮，使用后计数器号码由×号变为×号"。

车站值班员：张三。

(2)"因办理 G305 次引导进路解锁，启封使用总人解按钮。使用后计数器号码由×号变为×号"。

车站值班员：张三。

(3)"因办理 G305 次接车进路解锁，启封使用区故解按钮。使用后计数器号码由×号变为×号"。

车站值班员：张三。

26. 通知电务部门登记《行车设备检查登记簿》(加封登记)，车站值班员签认。

八、部分道岔区段轨道电路故障(改变道岔位置)接车

【办理规则】

1. 预告：正常。

2. 准备进路：

(1)故障区段道岔工务、电务部门用手摇把将道岔转换至所需位置确认进路正确后电务勾锁器加锁、工务紧固器紧固。

(2)未故障区段道岔单操至所需位置后单锁(有调车信号的车站能够排列调车信号的区段优先排列调车信号锁闭进路)。

3. 行车凭证：调度命令。(车站值班员询问司机是否装有 LKJ 设备，装有 LKJ 设备的动车组列车根据调度命令转 LKJ 控车；LKJ 设备故障或未装备 LKJ 的动车组列车根据调度命令转隔离模式控车)

4. 办理方式：车站操作方式的车站在 CTC 车务终端办理；中心操作的车站经列车调度员准许转为非常站控后在联锁机车务终端办理。

5. C 站至标准站为 CTCS-3 级区段进站、出站信号机应点灯；接 A 站开来的停车列车时接车线末端出站信号机应点灯。

【故障现象】

6 号道岔区段红光带。

【实例讲解】

G306 次停车。

设置故障：信号操作终端上 6 号道岔区段红光带(6 号道岔开通定位)。

1. 车站值班员通过信号操作终端确认故障现象，口呼："6 号道岔区段红光带。"

2. 车机联控："G306 次标准站机外停车。"

3. 报告列车调度员："6 号道岔区段红光带，已呼叫 G306 次机外停车。"

4. 通知干部上岗盯控："6 号道岔区段红光带，请上岗。"

5. 通知安全生产调度指挥中心："6 号道岔区段红光带，请盯控。"

6. 通知工务、电务：

"李四(工务姓名)，6 号道岔区段红光带，检查设备，并检查空闲。"

"王五(电务姓名)，6 号道岔区段红光带，检查设备，并检查空闲。"

7. 登记《行车设备检查登记簿》(故障登记)：

"6 号道岔区段红光带。"

电话：　　　　工务姓名：李四；

电话：　　　　电务姓名：王五；

车站值班员：张三。

8. 工务、电务部门登记："请求封锁站内 6 号道岔区段××km＋××m 至××km＋××m，邻线××km＋××m 至××km＋××m 限速 160 km/h 及以下。"

9. 车站值班员签认工务、电务登记。

10. 报告列车调度员："工务、电务部门登记，请求封锁站内 6 号道岔区段××km＋××m 至××km＋××m，邻线××km＋××m 至××km＋××m 限速 160 km/h 及以下；标准站请求封锁站内 6 号道岔区段××km＋××m 至××km＋××m 的调度命令和邻线××km＋××m 至××km＋××m 限速 160 km/h 及以下的调度命令。"

11. 签认封锁的调度命令，听取列车调度员邻线限速的调度命令已下达的口头指示。

12. 将封锁的调度命令交给工务、电务人员，并通知工务、电务人员邻线限速调度命令已下达。工务、电务人员上线检查设备。

13.工务部门检查后登记“6号道岔区段设备良好”，并报告6号道岔区段空闲，人员已下线。

电务部门检查后登记“6号道岔区段轨道电路故障，暂时不能修复，经由6号道岔区段的有关信号机停用(定位引导信号除外)”，并报告6号道岔区段空闲，人员已下线。

14.车站值班员签认工务、电务登记后报告列车调度员：“工务部门登记6号道岔区段设备良好；电务部门登记6号道岔区段轨道电路故障，暂时不能修复，经由6号道岔区段的有关信号机停用(定位引导信号除外)，人员均已下线；标准站先准备G306次接车进路，进路准备好后再请求开通6号道岔区段××km+××m至××km+××m的调度命令和邻线××km+××m至××km+××m恢复正常行车的调度命令及准许G306次进站的调度命令。”[作为行车凭证的调度命令，在接发列车进路准备妥当后，方可向司机发布(转达)。(《技规》第271条第2款)]

15.进站信号机点灯(S_4出站信号机常态点灯)：点击点灯按钮+S进站始端按钮。

16.确认接车进路空闲，口呼：“4道空闲。”

17.准备进路(先室外后室内)，填写《现场准备列车进路登记簿》：

“G306次4道接车，现场准备进路，6号道岔反位。”

车站值班员：张三；

电务：李四。

18.签认电务使用电动转辙机钥匙和手摇把登记。(调度集中控制模式下中心操作方式的车站车务应急值守人员须取得列车调度员的同意后方可签认电务人员的登记。)

19.工务、电务现场准备进路，确认进路正确后电务勾锁器加锁，工务紧固器紧固。

20.现场进路准备妥当后电务部门在《现场准备列车进路登记簿》内登记：

“G306次4道接车进路好了，6号道岔反位。”

电务：李四；

车站值班员：张三。

21.车站值班员通知工务、电务下线，并听取人员已下线的报告。

22.室内准备进路：将进路上的有关道岔单操至所需位置单锁。(设有调车信号的车站能够排列调车进路的区段优先排列调车信号锁闭进路。)

23.车站值班员询问G306次司机是否装有LKJ设备(装有LKJ设备的动车组列车根据调度命令转LKJ控车，LKJ设备故障或未装备LKJ的动车组列车根据调度命令转隔离模式控车)，司机报告未装有LKJ设备。

24.进路准备妥当后报告列车调度员请求调度命令：“G306次4道接车进路好了；G306次未装有LKJ设备；标准站请求开通站内6号道岔区段××km+××m至××km+××m的调度命令和邻线××km+××m至××km+××m恢复正常行车的调度命令和准许G306次进站的调度命令及G306次由列控车载设备控车转隔离模式控车的调度命令”。

25.签收有关调度命令后使用调度命令无线传送系统将准许G306次进站的调度命令传送给G306次司机并确认司机已签收[使用调度命令无线传送系统传送行车凭证，列车调度员办理接发列车时，由列车调度员传送，车站值班员办理接发列车时，由车站值班员传送。(《技规》第271条第3款)]；同时询问G306次司机是否收到转隔离模式控车的调度命令(此命令由列车调度员负责向司机传送）。

26. 车机联控："G306 次 4 道接车进路好了，4 道停车。"

27. 确认列车到达后解锁进路（先室外后室内）：

（1）通知工务、电务："解锁 6 号道岔。"并听取进路解锁的报告。（工务、电务人员上线解锁进路前也要在运统-46 内登记本线封锁，邻线限速 160 km/h 及以下，车站值班员报告列车调度员，列车调度员发布本线封锁调度命令和听取邻线限速调度命令以下达口头指示。）

（2）单解进路上的有关道岔。

28. 询问电务部门故障是否消除，如已消除进行试验，良好后签认《行车设备检查登记簿》，报告列车调度员："6 号道岔区段恢复正常。"

29. 灭灯。确认列车整列到达后灭灯：点击灭灯按钮＋进站始端按钮。

30. 车站、电务双方清点手摇把数量，核对号码后装箱；签认电务手摇把箱加锁加封登记。

31. 登记《行车设备检查登记簿》（启封登记）：

"因办理上行进站信号机灭灯，使用灭灯按钮，使用后计数器号码由×号变为×号"。

车站值班员：张三。

32. 通知电务计数器启封签认，车站值班员签认。

九、道岔失去定、反位表示接车

【办理规则】

1. 预告：正常。

2. 准备进路：

（1）故障区段道岔工务、电务部门用手摇把将道岔转换至所需位置确认进路正确后电务勾锁器加锁、工务紧固器紧固；

（2）未故障区段道岔单操至所需位置后单锁（有调车信号的车站能够排列调车信号的区段优先排列调车信号锁闭进路）。

3. 行车凭证：调度命令。（车站值班员询问司机是否装有 LKJ 设备，装有 LKJ 设备的动车组列车根据调度命令转 LKJ 控车；LKJ 设备故障或未装备 LKJ 的动车组列车根据调度命令转隔离模式控车。）

4. 办理方式：车站操作方式的车站在 CTC 车务终端办理；中心操作方式的车站经列车调度员准许转为非常站控后在联锁机车务终端办理。

5. 如果接 C 站开来的列车因 C 站至标准站为 CTCS-3 级区段上行进站信号机要点灯，相对应的接车线末端出站信号机属于常态点灯；如果接 A 站开来的站内停车列车下行进站信号机属于常态点灯，相对应的接车线末端出站信号机要点灯。

6. 如果接、发车进路已建立后道岔失去表示，在点灯前必须先取消原接车进路或发车进路，才能点亮进站、出站信号机。

【实例讲解】

G307 次Ⅰ道通过（下行进站信号机常态点灯）。

1. 核对列车运行计划后设置自触，口呼："自触设置好。"

设置故障：自触 G307 次通过进路时 7 号道岔失去表示（接车进路没有出现白光带）。

2. 车站值班员通过信号操作终端确认故障现象，口呼："7 号道岔失去表示。"

3. 车机联控:“G307 次标准站机外停车。”

4. 报告列车调度员:“7 号道岔失去表示,已呼叫 G307 次机外停车。”列车调度员指示通知设备部门检查处理(是否进行道岔扳动实验按列车调度员的指示办理)。

5. 通知干部上岗盯控:“7 号道岔失去表示,请上岗。”

6. 通知安全生产调度指挥中心:“7 号道岔失去表示,请盯控。”

7. 通知工务、电务:

“李四(工务姓名),7 号道岔失去表示,检查设备,并检查空闲。”

“王五(电务姓名),7 号道岔失去表示,检查设备,并检查空闲。”

8. 登记《行车设备检查登记簿》(故障登记):

“7 号道岔失去表示。”

电话:　　　工务姓名:李四;

电话:　　　　电务姓名:王五;

车站值班员:张三。

9. 工务、电务部门登记:“请求封锁站内 7 号道岔区段××km+××m 至××km+××m,邻线××km+××m 至××km+××m 限速 160 km/h 及以下。”

10. 车站值班员签认工务、电务登记。

11. 报告列车调度员:“工务、电务部门登记,请求封锁站内 7 号道岔区段××km+××m 至××km+××m,邻线××km+××m 至××km+××m 限速 160 km/h 及以下;标准站请求封锁站内 7 号道岔区段××km+××m 至××km+××m 的调度命令和邻线××km+××m 至××km+××m 限速 160 km/h 及以下的调度命令。”

12. 签认封锁的调度命令,听取列车调度员邻线限速调度命令已下达的口头指示。

13. 将封锁的调度命令交给工务、电务人员,并通知工务、电务人员邻线限速调度命令已下达。工务、电务人员上线检查设备。

14. 工务部门检查后登记:“7 号道岔设备良好”,并报告 7 号道岔区段空闲,人员已下线。

电务部门检查后登记:“7 号道岔电动转辙机故障,暂时不能修复,经由 7 号道岔区段的有关信号机停用”,并报告 7 号道岔区段空闲,人员已下线。

15. 车站值班员签认工务、电务登记后报告列车调度员:“工务部门登记 7 号道岔设备良好;电务部门登记 7 号道岔电动转辙机故障,暂时不能修复,经由 7 号道岔区段的有关信号机停用;人员均已下线,标准站先准备 G307 次接车进路,进路准备好后再请求开通 7 号道岔区段××km+××m 至××km+××m 的调度命令和邻线××km+××m 至××km+××m恢复正常行车的调度命令及准许 G307 次进站的调度命令。”[作为行车凭证的调度命令,在接发列车进路准备妥当后,方可向司机发布(转达)。(《技规》第 271 条第 2 款)]

16. 确认接车进路空闲,口呼:“Ⅰ道空闲。”

17. 准备进路(先室外后室内),填写《现场准备列车进路登记簿》:

“G307 次Ⅰ道接车现场准备进路,7 号道岔定位。”

车站值班员:张三;

电务:王五。

18. 签认电务使用电动转辙机钥匙和手摇把登记。(调度集中控制模式下中心操作方式的车站车务应急值守人员须取得列车调度员的同意后方可签认电务人员的登记。)

19. 工务、电务现场准备进路，确认进路正确后电务勾锁器加锁，工务紧固器紧固。

20. 现场进路准备妥当后电务人员在《现场准备列车进路登记簿》内登记：

"G307 次Ⅰ道接车进路好了，7 号道岔定位。"

电务：王五；

车站值班员：张三。

21. 车站值班员通知工务、电务下线，并听取人员已下线的报告。

22. 室内准备进路：将进路上的有关道岔单操至所需位置单锁。（设有调车信号的车站能够排列调车进路的区段优先排列信号锁闭进路。）

23. 车站值班员询问 G307 次司机是否装有 LKJ 设备（装有 LKJ 设备的动车组列车根据调度命令转 LKJ 控车，LKJ 设备故障或未装备 LKJ 的动车组列车根据调度命令转隔离模式控车），司机报告装有 LKJ 设备。

24. 进路准备妥当后报告列车调度员请求调度命令："G307 次Ⅰ道接车进路好了，G307 次装有 LKJ 设备；标准站请求开通站内 7 号道岔区段××km＋××m 至××km＋××m 的调度命令和邻线××km＋××m 至××km＋××m 恢复正常行车的调度命令和准许 G307 次进站的调度命令及 G307 次由列控车载设备控车转 LKJ 控车的调度命令。"

25. 签收有关调度命令后使用调度命令无线传送系统将准许 G307 次进站的调度命令传送给 G307 次司机并确认司机已签收[使用调度命令无线传送系统传送行车凭证，列车调度员办理接发列车时，由列车调度员传送，车站值班员办理接发列车时，由车站值班员传送。（《技规》第 271 条第 3 款）]；同时询问 G307 次司机是否收到转 LKJ 控车的调度命令（此命令由列车调度员负责向司机传送）。

26. 车机联控："G307 次Ⅰ道接车进路好了，Ⅰ道通过。"

27. 确认列车整列出站后解锁进路（先室外后室内）：

（1）通知工务、电务："解锁 7 号道岔。"并听取进路解锁的报告。（工务、电务人员上线解锁进路前也要在《行车设备检查登记簿》内登记本线封锁，邻线限速 160 km/h 及以下，车站值班员报告列车调度员，列车调度员发布本线封锁调度命令和听取邻线限速调度命令以下达口头指示。）

（2）单解进路上的有关道岔。

28. 询问电务部门故障是否消除，如已消除进行试验，良好后签认《行车设备检查登记簿》。

29. 报告列车调度员："7 号道岔恢复正常。"

30. 车站、电务双方清点手摇把数量，核对号码；签认电务手摇把箱加锁加封登记。

十、信号机常态点灯的 CTCS-2 级区段出站信号机故障发车

情景：向 CTCS-2 级区段发车（标准站至 A 站为常态点灯的 CTCS-2 级区段）

【办理规则】

1. 预告：正常。

2. 准备进路：排列调车进路或单操单锁。

3. 行车凭证：调度命令。

4. 办理方式：车站操作方式的车站在 CTC 车务终端办理；中心操作方式的车站经列车调

度员准许转为非常站控后在联锁机车务终端办理。

【重点提示】

此种故障情况下向 CTCS-2 级区段发车，装有 LKJ 的动车组列车根据调度命令转为 LKJ 控车，LKJ 故障及未装备 LKJ 的动车组列车根据调度命令改隔离模式控车，列车进入区间的行车凭证均为调度命令；必须先准备进路，按 LKJ 控车的动车组列车确认第一闭塞分区空闲；按隔离模式控车的动车组列车确认区间空闲后再请求准许列车发车的调度命令。

【故障现象】

信号操作终端上出站信号机复示器红灯闪光（包括出站信号机能显示红灯但不能显示进行信号）。

【实例讲解】

G302 次 4 道发车。

1. 核对列车运行计划后设置自触。

设置故障：4 道上行出站信号机灯丝断丝（此故障是指出站信号机进行信号和红灯均灭灯），本例是出站信号机已开放后出现故障。

2. 车站值班员通过信号操作终端确认故障现象，口呼："灯丝报警，4 道上行出站信号机复示器闪红灯。"

3. 车机联控："G302 次标准站取消发车。"并听取司机回示。

4. 取消自触。

5. 报告列车调度员："灯丝报警，4 道上行出站信号机复示器闪红灯，已呼叫 G302 次取消发车。"

6. 通知干部上岗盯控："灯丝报警，4 道上行出站信号机复示器闪红灯，请上岗。"

7. 通知安全生产调度指挥中心："灯丝报警，4 道上行出站信号机复示器闪红灯，请盯控。"

8. 通知电务："李四（电务姓名），灯丝报警，4 道上行出站信号机复示器红灯闪光，检查设备。"

9. 登记《行车设备检查登记簿》（故障登记）：

"灯丝报警，4 道上行出站信号机复示器红灯闪光。"

电话：　　　　　电务姓名：李四；

车站值班员：张三。

10. 电务部门登记："请求封锁站内 4 道××km＋××m 至××km＋××m，邻线××km＋××m 至××km＋××m 限速 160 km/h 及以下。"

11. 车站值班员签认电务登记。

12. 报告列车调度员："电务部门登记，请求封锁站内 4 道××km＋××m 至××km＋××m，邻线××km＋××m 至××km＋××m 限速 160 km/h 及以下；标准站请求封锁站内4 道××km＋××m 至××km＋××m 的调度命令和邻线××km＋××m 至××km＋××m限速 160 km/h 及以下的调度命令。"

13. 签认本线封锁的调度命令，听取列车调度员邻线限速的调度命令已下达的口头指示。

14. 将本线封锁的调度命令交给电务人员，并通知电务人员邻线限速调度命令已下达。电务人员上线检查设备。

15. 电务部门检查后登记："4 道上行出站信号机故障，暂时不能修复，S_4 出站信号机停用。”并报告人员已下线。

16. 车站值班员签认后报告列车调度员：“电务部门登记 4 道上行出站信号机故障，暂时不能修复，S_4 出站信号机停用，人员已下线。标准站请求开通站内 4 道××km＋××m 至××km＋××m 的调度命令和邻线××km＋××m 至××km＋××m 恢复正常行车的调度命令。”

17. 签收调度命令后报告列车调度员：“标准站先准备 G302 次 4 道发车进路，进路准备妥当后再请求准许 G302 次发车的调度命令。”[作为行车凭证的调度命令，在接发列车进路准备妥当后，方可向司机发布(转达)。(《技规》第 271 条第 2 款)]

18. 准备进路：确认进路上的有关道岔开口位置正确后单锁进路上的有关道岔。(有调车信号的车站可使用总人解按钮＋发车始端按钮解锁原发车进路，然后正排或反排调车信号锁闭道岔。)

19. 进路准备好后，呼叫 G302 次是否装有 LKJ 设备；G302 次司机报告 G302 次装有 LKJ 设备。(装有 LKJ 的动车组列车根据调度命令转 LKJ 控车，LKJ 故障或未装备 LKJ 的动车组列车根据调度命令转隔离模式。)

20. 确认上行第一闭塞分区空闲，口呼：“上行第一闭塞分区空闲。”(按隔离模式控车时需确认区间空闲。)

21. 报告列车调度员：“G302 次 4 道发车进路好了，G302 次装有 LKJ 设备；标准站请求准许 G302 次发车的调度命令和 G302 次由列控车载设备控车转 LKJ 控车的调度命令。”

22. 签收准许 G302 次发车的调度命令后使用调度命令无线传送系统向 G302 次司机发送，并确认司机签收[使用调度命令无线传送系统传送行车凭证，列车调度员办理接发列车时，由列车调度员传送，车站值班员办理接发列车时，由车站值班员传送。(《技规》第 271 条第 3 款)]；并询问 G302 次是否收到改按 LKJ 控车的调度命令(此命令由列车调度员向司机发送)。

23. 车机联控：“G302 次 4 道发车进路好了。”

24. 确认列车出站解锁进路：

(1)单解；

(2)总人解＋发车始端按钮。

25. 询问电务部门故障是否消除，如已消除进行试验，良好后签认《行车设备检查登记簿》。

26. 报告列车调度员：“4 道上行出站信号机恢复正常。”

27. 登记《行车设备检查登记簿》(加封登记)：

“因办理 G302 次发车进路解锁，启封使用总人解按钮。使用后计数器号码由×号变为×号。”

车站值班员：张三。

28. 通知电务部门计数器登记，车站值班员签认。

十一、道岔区段红光带不改变道岔位置发车

情景一：列控车载设备正常向 CTCS-3 级区段发车(标准站至 C 站为 CTCS-3 级区段)

【办理规则】

1. 预告：正常。

2. 准备进路：将进路上的有关道岔单操至所需位置（有调车信号的车站排列调车进路取消开放的调车信号）或利用原发车进路。

3. 行车凭证：列控车载设备显示的允许运行的速度值（引导模式）。

【重点提示】

点击引导按钮开放引导信号前需要确认第一闭塞分区空闲。

【故障现象】

信号操作终端上道岔区段红光带。

【实例讲解】

G305 次 3 道发车。

1. 核对列车运行计划后设置自触，口呼："自触设置好。"

设置故障：8 号道岔区段红光带。

2. 车站值班员通过信号操作终端确认故障现象，口呼："8 号道岔区段红光带。"

3. 车机联控："G305 次司机是否已启动？"得到司机列车尚未启动的报告后通知司机："G305 次标准站取消发车。"并听取司机回示。

4. 取消自触。

5. 报告列车调度员："8 号道岔区段红光带，已呼叫 G305 次取消发车。"

6. 通知干部上岗盯控："8 号道岔区段红光带，请上岗。"

7. 通知安全生产调度指挥中心："8 号道岔区段红光带，请盯控。"

8. 通知工务、电务：

"李四（工务姓名），8 号道岔区段红光带，检查设备，并检查空闲。"

"王五（电务姓名），8 号道岔区段红光带，检查设备，并检查空闲。"

9. 登记《行车设备检查登记簿》（故障登记）：

"8 号道岔区段红光带。"

电话：　　　　工务姓名：李四；

电话：　　　　电务姓名：王五；

车站值班员：张三。

10. 工务、电务部门登记："请求封锁站内 8 号道岔区段××km＋××m 至××km＋××m，邻线××km＋××m 至××km＋××m 限速 160 km/h 及以下。"

11. 车站值班员签认工务、电务登记。

12. 报告列车调度员："工务、电务部门登记，请求封锁站内 8 号道岔区段××km＋××m 至××km＋××m，邻线××km＋××m 至××km＋××m 限速 160 km/h 及以下；标准站请求封锁站内 8 号道岔区段××km＋××m 至××km＋××m 的调度命令和邻线××km＋××m至××km＋××m 限速 160 km/h 及以下的调度命令。"

13. 签认本线封锁的调度命令，听取列车调度员邻线限速的调度命令已下达的口头指示。

14. 将本线封锁的调度命令交给工务、电务人员，并通知工务、电务人员邻线限速调度命令已下达。工务、电务人员上线检查设备。

15. 工务部门登记："8 号道岔区段设备良好。"并报告 8 号道岔区段空闲，人员已下线；电务部门检查后登记："8 号道岔区段轨道电路故障，暂时不能修复，经由 8 号道岔区段的有关信号机停用（引导信号除外）。"并报告 8 号道岔区段空闲，人员已下线。

16. 车站值班员签认后报告列车调度员:“工务部门登记 8 号道岔区段设备良好;电务部门登记 8 号道岔区段轨道电路故障,暂时不能修复,经由 8 号道岔区段的有关信号机停用(引导信号除外);人员均已下线,标准站请求开通站内 8 号道岔区段××km+××m 至××km+××m 的调度命令和邻线××km+××m 至××km+××m 恢复正常行车的调度命令。”

17. 签收调度命令后报告列车调度员:“标准站请求 G305 次使用引导发车。”列车调度员准许。

18. 车机联控:“G305 次标准站准备引导发车。”

19. 准备进路:通过光带确认进路上的有关道岔开口位置正确。口呼:“3 道发车进路好了。”

20. 确认下行第一闭塞分区空闲,口呼:“下行第一闭塞分区空闲。”

21. 点击控制命令栏的“引导按钮”再点击 3 道下行“出站引导按钮”,开放引导信号,口呼:“3 道出站引导信号好了。”(重复点击时间不超过 15 s。)

22. 车机联控:“G305 次标准站引导发车。”

23. 确认 G305 次出站,解锁进路:

(1)总人解按钮+发车始端按钮解除引导锁。

(2)区故解按钮+道岔区段按钮解除进路锁(使用区故解按钮要通知干部盯控,并执行双人双次确认制度)。

24. 询问电务部门故障是否消除,如已消除进行试验,良好后签认《行车设备检查登记簿》。

25. 报告列车调度员:“8 号道岔区段轨道电路恢复正常。”

26. 登记《行车设备检查登记簿》(加封登记):

(1)因办理 G305 次引导发车,启封使用 X_3 引导按钮,使用后计数器号码由×号变为×号。

车站值班员:张三。

(2)因办理 G305 次引导进路解锁,启封使用总人解按钮,使用后计数器号码由×号变为×号。

车站值班员:张三。

(3)因办理 G305 次发车进路解锁,启封使用区故解按钮,使用后计数器号码由×号变为×号。

车站值班员:张三。

27. 通知电务部门计数器登记,车站值班员签认。

情景二:列控车载设备故障向 CTCS-3 级区段发车(标准站至 C 站为 CTCS-3 级区段)

【办理规则】

1. 预告:正常。

2. 准备进路:将进路上的有关道岔单操至所需位置或利用原发车进路。

3. 行车凭证:引导信号。

4. 办理方式:车站操作方式的车站在 CTC 车务终端办理,中心操作的车站经列车调度员准许转为非常站控后在联锁机车务终端办。

5. 出站信号机点灯、灭灯。

【重点提示】

此种情况下向 CTCS-3 级区段发车必须确认区间空闲。

【故障现象】

1. 道岔区段红光带。

2. 司机同时又报告列控车载设备故障，装有 LKJ 设备。

【实例讲解】

G305 次 3 道发车。

1. 核对列车运行计划后设置自触，口呼：“自触设置好。”

设置故障：8 号道岔区段红光带；同时 G305 次司机报告列控车载设备故障，装有 LKJ 设备。

2. 车站值班员通过信号操作终端确认故障现象，口呼：“8 号道岔区段红光带。”

3. 车机联控：“G305 次司机列车是否已启动？”得到司机列车尚未启动的通知后通知 G305 次司机：“G305 次标准站取消发车。”并听取司机回示。

4. 取消自触。

5. 报告列车调度员：“8 号道岔区段红光带；G305 次司机报告列控车载设备故障，装有 LKJ 设备，已呼叫 G305 次取消发车。”

6. 通知干部上岗盯控：“8 号道岔区段红光带，请上岗。”

7. 通知安全生产调度指挥中心：“8 号道岔区段红光带，请盯控。”

8. 通知工务、电务：

“李四（工务姓名），8 号道岔区段红光带，检查设备，并检查空闲”。

“王五（电务姓名），8 号道岔区段红光带，检查设备，并检查空闲”。

9. 登记《行车设备检查登记簿》（故障登记）：

“8 号道岔区段红光带。”

电话：　　　　工务姓名：李四；

电话：　　　　电务姓名：王五；

车站值班员：张三。

10. 工务、电务部门登记：“请求封锁站内 8 号道岔区段××km+××m 至××km+××m，邻线××km+××m 至××km+××m 限速 160 km/h 及以下。”

11. 车站值班员签认工务、电务登记。

12. 报告列车调度员：“工务、电务部门登记，请求封锁站内 8 号道岔区段××km+××m 至××km+××m，邻线××km+××m 至××km+××m 限速 160 km/h 及以下；标准站请求封锁站内 8 号道岔区段××km+××m 至××km+××m 的调度命令和邻线××km+××m至××km+××m 限速 160 km/h 及以下的调度命令。”

13. 签认本线封锁的调度命令，听取列车调度员邻线限速的调度命令已下达的口头指示。

14. 将本线封锁的调度命令交给工务、电务人员，并通知工务、电务人员邻线限速调度命令已下达。工务、电务人员上线检查设备。

15. 工务部门登记：“8 号道岔区段设备良好。”并报告 8 号道岔区段空闲，人员已下线；电务部门检查后登记：“8 号道岔区段轨道电路故障，暂时不能修复，经由 8 号道岔区段的有关信号机停用（引导信号除外）。”并报告 8 号道岔区段空闲，人员已下线。

16. 车站值班员签认后报告列车调度员："工务部门登记8号道岔区段设备良好；电务部门登记8号道岔区段轨道电路故障，暂时不能修复，经由8号道岔区段的有关信号机停用(引导信号除外)；人员已下线，标准站请求开通站内8号道岔区段××km+××m至××km+××m的调度命令和邻线××km+××m至××km+××m恢复正常行车的调度命令。"

17. 签收调度命令后报告列车调度员："标准站请求G305次使用引导信号发车"，列车调度员准许，"标准站请求G305次由列控车载设备控车转LKJ控车的调度命令。"

18. 车机联控："G305次标准站准备使用引导信号发车。"

19. 解锁进路：区故解按钮+道岔区段按钮解除进路锁(使用区故解按钮要通知干部盯控，并执行双人双次确认制度)。

20. 点灯。点击点灯按钮+3道发车始端按钮。

21. 准备进路：确认进路上的有关道岔开口位置正确。口呼："3道发车进路好了。"

22. 确认标准站至C站下行线区间空闲。口呼："标准站至C站下行线区间空闲。"

23. 点击控制命令栏的"引导按钮"，再点击3道下行"出站引导按钮"，开放引导信号，口呼："3道出站引导信号好了。"(重复点击间隔时间不超过15 s。)

24. 询问G305次司机是否收到由列控车载设备转LKJ控车的调度命令，司机回复已收到。

25. 车机联控："G305次3道出站引导信号好了，标准站引导发车。"

26. 确认G305次出站。灭灯，点击灭灯按钮+3道发车始端按钮。

27. 解锁进路：总人解按钮+3道发车始端按钮解除引导锁。

28. 询问电务部门故障是否消除，如已消除进行试验，良好后签认《行车设备检查登记簿》。

29. 报告列车调度员："8号道岔区段轨道电路恢复正常。"

30. 登记《行车设备检查登记簿》(加封登记)：

(1)因办理G305次引导发车，启封使用X_3引导按钮，使用后计数器号码由×号变为×号。

车站值班员：张三。

(2)因办理G305次引导进路解锁，启封使用总人解按钮，使用后计数器号码由×号变为×号。

车站值班员：张三。

(3)因办理G305次发车进路解锁，启封使用区故解按钮，使用后计数器号码由×号变为×号。

车站值班员：张三。

(4)因办理X_3信号机灭灯，使用灭灯按钮，使用后计数器号码由×号变为×号。

车站值班员：张三。

31. 通知电务部门计数器登记，车站值班员签认。

情景三：向CTCS-3级区段发车引导信号不能开放

【办理规则】

1. 预告：正常。

2. 准备进路：将进路上的有关道岔单操至所需位置后单锁（有调车信号机的车站取消原发车进路后排列调车进路）。

3. 行车凭证：调度命令。

4. 办理方式：车站操作方式的车站在 CTC 车务终端办理；中心操作的车站经列车调度员准许转为非常站控后在联锁机车务终端办理。

5. 出站信号机点灯、灭灯。

【重点提示】

此种情况下向 CTCS-3 级区段发车必须确认区间空闲。

【故障现象】

1. 道岔区段红光带；

2. 司机同时又报告列控车载设备故障；

3. 点灯后出站信号机复示器闪红灯。

【实例讲解】

G305 次 3 道发车。

1. 核对列车运行计划后设置自触，口呼："自触设置好。"

设置故障：8 号道岔区段红光带，同时 G305 次司机报告列控车载设备故障，装有 LKJ 设备。

2. 车站值班员通过信号操作终端确认故障现象，口呼："8 号道岔区段红光带。"

3. 车机联控："G305 次司机列车是否已启动？"得到司机列车尚未启动的通知后通知 G305 次司机："G305 次标准站取消发车。"并听取司机回示。

4. 取消自触。

5. 报告列车调度员："8 号道岔区段红光带；G305 次司机报告列控车载设备故障，装有 LKJ 设备，已呼叫 G305 次取消发车。"

6. 通知干部上岗盯控："8 号道岔区段红光带，请上岗。"

7. 通知安全生产调度指挥中心："8 号道岔区段红光带，请盯控。"

8. 通知工务、电务：

"李四（工务姓名），8 号道岔区段红光带，检查设备，并检查空闲。"

"王五（电务姓名），8 号道岔区段红光带，检查设备，并检查空闲。"

9. 登记《行车设备检查登记簿》（故障登记）：

"8 号道岔区段红光带。"

电话：　　　　工务姓名：李四；

电话：　　　　电务姓名：王五；

车站值班员：张三。

10. 工务、电务部门登记："请求封锁站内 8 号道岔区段××km+××m 至××km+××m，邻线××km+××m 至××km+××m 限速 160 km/h 及以下。"

11. 车站值班员签认工务、电务登记。

12. 报告列车调度员："工务、电务部门登记，请求封锁站内 8 号道岔区段××km+××m 至××km+××m，邻线××km+××m 至××km+××m 限速 160 km/h 及以下；标准站请求封锁站内 8 号道岔区段××km+××m 至××km+××m 的调度命令和邻线××km

+××m至××km+××m限速160 km/h及以下的调度命令。”

13.签认本线封锁的调度命令,听取列车调度员邻线限速调度命令已下达的口头指示。

14.将本线封锁的调度命令交给工务、电务人员,并通知工务、电务人员邻线限速调度命令已下达。工务、电务人员上线检查设备。

15.工务部门登记:“8号道岔区段设备良好。”并报告8号道岔区段空闲,人员已下线;电务部门检查后登记:“8号道岔区段轨道电路故障,暂时不能修复,经由8号道岔区段的有关信号机停用(引导信号除外)。”并报告8号道岔区段空闲,人员已下线。

16.车站值班员签认后报告列车调度员:“工务部门登记8号道岔区段设备良好;电务部门登记8号道岔区段轨道电路故障,暂时不能修复,经由8号道岔区段的有关信号机停用(引导信号除外);人员已下线,标准站请求开通站内8号道岔区段××km+××m至××km+××m的调度命令和邻线××km+××m至××km+××m恢复正常行车的调度命令。”

17.签收调度命令后报告列车调度员:“标准站请求G305次使用引导信号发车”,列车调度员准许,“标准站请求G305次由列控车载设备控车转LKJ控车的调度命令。”

18.车机联控:“G305次标准站准备使用引导信号发车。”

19.解锁进路:区故解按钮+道岔区段按钮解除进路锁。(使用区故解按钮要通知干部盯控,并执行双人双次确认制度。)

20.点灯。点击点灯按钮+X_3发车始端按钮。

设置故障:点灯后X_3出站信号机闪红灯。

21.确认故障现象,口呼:“X_3出站信号机复示器闪红灯。”

22.报告列车调度员:X_3出站信号机闪红灯。

23.通知电务:“X_3出站信号机闪红灯,检查设备。”

24.登记《行车设备检查登记簿》(故障登记):

“X_3出站信号机闪红灯。”

口头通知:　　　　电务:王五;

车站值班员:张三。

25.电务部门登记:“请求封锁站内3道××km+××m至××km+××m,邻线××km+××m至××km+××m限速160 km/h及以下。”

26.车站值班员签认电务登记。

27.报告列车调度员:“电务部门登记,请求封锁站内3道××km+××m至××km+××m,邻线××km+××m至××km+××m限速160 km/h及以下;标准站请求封锁站内3道××km+××m至××km+××m的调度命令和邻线××km+××m至××km+××m限速160 km/h及以下的调度命令。”

28.签认本线封锁的调度命令,听取列车调度员邻线限速的调度命令已下达的口头指示。

29.将本线封锁的调度命令交给电务人员,并通知电务人员邻线限速调度命令已下达。电务人员上线检查设备。

30.电务部门检查后登记“X_3出站信号机故障,暂时不能修复,X_3出站信号机停用”,并报告人员已下线。

31.车站值班员签认后报告列车调度员:“电务部门登记,X_3出站信号机故障,暂时不能修复,X_3出站信号机停用;人员已下线,标准站请求开通站内3道××km+××m至××km+

××m 的调度命令和邻线××km+××m 至××km+××m 恢复正常行车的调度命令。”

32. 签收调度命令后报告列车调度员：“标准站先准备 G305 次发车进路，进路准备妥当后再请求准许 G305 次发车的调度命令。”

33. 确认进路上的有关道岔开通位置正确后单锁进路上的有关道岔。

34. 确认区间空闲，口呼：“标准站至 C 站下行线区间空闲。”

35. 报告列车调度员：“G305 次 3 道发车进路好了，标准站请求准许 G305 次发车的调度命令。”

36. 签收准许 G305 次发车的调度命令，并使用调度命令无线传送系统传送给 G305 次司机，并确认司机签收；询问 G305 次司机是否收到转 LKJ 控车的调度命令，司机回示：“已收到。”

37. 车机联控：“G305 次 3 道发车进路好了。”

38. 确认 G305 次出站。

39. 询问电务部门故障是否消除，如已消除进行试验，良好后签认《行车设备检查登记簿》。

40. 报告列车调度员：“8 号道岔区段轨道电路恢复正常，X_3 出站信号机恢复正常。”

41. 灭灯：“点击灭灯按钮+X_3 出站信号。”

42. 登记《行车设备检查登记簿》(加封登记)：

(1)“因办理 G305 次发车进路解锁，启封使用区故解按钮，使用后计数器号码由×号变为×号”。

车站值班员：张三。

(2)“因办理 X_3 信号机灭灯，使用灭灯按钮，使用后计数器号码由×号变为×号”。

车站值班员：张三。

43. 通知电务部门计数器登记，车站值班员签认。

情景四：向 CTCS-2 级区段发车(标准站至 A 站为常态点灯的 CTCS-2 级区段)

【办理规则】

1. 预告：正常。

2. 准备进路：将进路上的有关道岔单操至所需位置加锁(有调车信号的车站能够排列调车进路的道岔区段排列调车进路锁闭道岔)。

3. 行车凭证：调度命令。

4. 办理方式：车站操作方式的车站在 CTC 车务终端办理，中心操作的车站经列车调度员准许转为非常站控后在联锁机车务终端办理。

【重点提示】

此种故障情况下向 CTCS-2 级区段发车，装有 LKJ 的动车组列车根据调度命令转为 LKJ 控车，LKJ 故障及未装备 LKJ 的动车组列车根据调度命令改隔离模式控车，列车进入区间的行车凭证均为调度命令；必须先准备进路，按 LKJ 控车的动车组列车确认第一闭塞空闲；按隔离模式控车的动车组列车确认区间空闲再请求准许列车发车的调度命令。

【故障现象】

道岔区段红光带。

【实例讲解】

G306 次 4 道发车。

1. 核对列车运行计划后设置自触，口呼："自触设置好。"

设置故障：5 号道岔区段红光带。

2. 车站值班员通过信号操作终端确认故障现象，口呼："5 号道岔区段红光带。"

3. 车机联控："G306 次司机列车是否已启动？"得到司机列车尚未启动的通知后通知 G306 次司机："G306 次标准站取消发车。"并听取司机回示。

4. 取消自触。

5. 报告列车调度员："5 号道岔区段红光带，已呼叫 G306 次取消发车。"

6. 通知干部上岗盯控："5 号道岔区段红光带，请上岗。"

7. 通知安全生产调度指挥中心："5 号道岔区段红光带，请盯控。"

8. 通知工务、电务：

"李四(工务姓名)，5 号道岔区段红光带，检查设备，并检查空闲。"

"王五(电务姓名)，5 号道岔区段红光带，检查设备，并检查空闲。"

9. 登记《行车设备检查登记簿》(故障登记)：

"5 号道岔区段红光带。"

电话：　　　　工务姓名：李四；

电话：　　　　电务姓名：王五；

车站值班员：张三。

10. 工务、电务部门登记："请求封锁站内 5 号道岔区段××km+××m 至××km+××m，邻线××km+××m 至××km+××m 限速 160 km/h 及以下。"

11. 车站值班员签认工务、电务登记。

12. 报告列车调度员："工务、电务部门登记，请求封锁站内 5 号道岔区段××km+××m 至××km+××m，邻线××km+××m 至××km+××m 限速 160 km/h 及以下；标准站请求封锁站内 5 号道岔区段××km+××m 至××km+××m 的调度命令和邻线××km+××m至××km+××m 限速 160 km/h 及以下的调度命令。"

13. 签认本线封锁的调度命令，听取列车调度员邻线限速的调度命令已下达的口头指示。

14. 将本线封锁的调度命令交给工务、电务人员，并通知工务、电务人员邻线限速调度命令已下达。工务、电务人员上线检查设备。

15. 工务部门检查后登记"5 号道岔区段设备良好"，并报告 5 号道岔区段空闲，人员已下线；电务部门检查后登记"5 号道岔区段轨道电路故障，暂时不能修复，经由 5 号道岔区段的有关信号机停用"，并报告 5 号道岔区段空闲，人员已下线。

16. 车站值班员签认后报告列车调度员："工务部门登记 5 号道岔区段设备良好；电务部门登记 5 号道岔区段轨道电路故障，暂时不能修复，经由 5 号道岔区段的有关信号机停用；人员已下线，标准站请求开通站内 5 号道岔区段××km+××m 至××km+××m 的调度命令和邻线××km+××m 至××km+××m 恢复正常行车的调度命令。"

17. 签认调度命令后报告列车调度员："标准站先准备 G306 次 4 道发车进路，进路准备妥当后再请求准许 G306 次发车的调度命令。"[作为行车凭证的调度命令，在接发列车进路准备妥当后，方可向司机发布(转达)。(《技规》第 271 条第 2 款)]

18. 准备进路：确认进路上的有关道岔开口位置正确后单锁进路上的有关道岔。

19. 询问 G306 次司机是否装有 LKJ 设备，司机报告 G306 次未装有 LKJ 设备。

20. 确认标准站至 A 站上行线区间空闲。口呼："标准站至 A 站上行线区间空闲。"(装有 LKJ 的动车组列车确认第一闭塞分区空闲。)

21. 报告列车调度员："G306 次 4 道发车进路好了，G306 次未装有 LKJ 设备。"标准站请求准许 G306 次发车的调度命令及 G306 次由列控车载设备控车转隔离模式控车的调度命令。

22. 签收调度命令后使用调度命令无线传送系统将准许 G306 次发车的调度命令传送给 G306 次司机，并确认司机已签收[使用调度命令无线传送系统传送行车凭证，列车调度员办理接发列车时，由列车调度员传送，车站值班员办理接发列车时，由车站值班员传送。(《技规》第 271 条第 3 款)]；并询问 G306 次司机是否收到转隔离模式控车的调度命令(此命令由列车调度员传送)。

23. 车机联控："G306 次 4 道发车进路好了。"

24. 确认 G306 次出站。解锁进路：

(1)单解。

(2)区故解按钮＋道岔区段按钮(使用区故解按钮要通知干部盯控，并执行双人双次确认制度)。

25. 询问电务部门故障是否消除，如已消除进行试验，良好后签认《行车设备检查登记簿》。

26. 报告列车调度员："5 号道岔区段轨道电路恢复正常。"

27. 登记《行车设备检查登记簿》(加封登记)：

"因办理 G305 次发车进路解锁，启封使用区故解按钮，使用后计数器号码由×号变为×号"。

车站值班员：张三。

28. 通知电务部门计数器登记，车站值班员签认。

十二、道岔区段红光带改变道岔位置发车

情景一：向 CTCS-3 级区段发车(标准站至 C 站为 CTCS-3 级区段)

【办理规则】

1. 预告：正常。

2. 准备进路：

(1)故障区段道岔现场手摇至所需位置电务钩锁器加锁、工务紧固器紧固；

(2)未故障区段道岔单操单锁(设有调车信号的车站能够排列调车进路的区段排列调车进路)。

3. 行车凭证：调度命令。

4. 办理方式：车站操作方式的车站在 CTC 车务终端办理，中心操作的车站经列车调度员准许转为非常站控后在联锁机车务终端办理。

5. 有关信号机点灯、灭灯。

【重点提示】

装有 LKJ 的动车组按 LKJ 控车、未装有 LKJ 的动车组按隔离模式控车，都必须确认区间空闲。

【故障现象】

信号操作终端上道岔区段红光带。

【实例讲解】

G307 次 3 道发车。

1. 核对列车运行计划后设置自触，口呼："自触设置好。"

设置故障：在自触 3 道发车进路时 8 号道岔区段红光带（8 号道岔开通定位）。

2. 车站值班员通过信号操作终端确认故障现象，口呼："8 号道岔区段红光带。"

3. 取消自触。

4. 报告列车调度员："8 号道岔区段红光带，影响 G307 次发车。"

5. 通知干部上岗盯控："8 号道岔区段红光带，请上岗。"

6. 通知安全生产调度指挥中心："8 号道岔区段红光带，请盯控。"

7. 通知工务、电务：

"李四（工务姓名），8 号道岔区段红光带，检查设备，并检查空闲。"

"王五（电务姓名），8 号道岔区段红光带，检查设备，并检查空闲。"

8. 登记《行车设备检查登记簿》（故障登记）：

"8 号道岔区段红光带"。

电话：　　　　工务姓名：李四；

电话：　　　　电务姓名：王五；

车站值班员：张三。

9. 工务、电务部门登记："请求封锁站内 8 号道岔区段××km＋××m 至××km＋××m，邻线××km＋××m 至××km＋××m 限速 160 km/h 及以下。"

10. 车站值班员签认工务、电务登记。

11. 报告列车调度员："工务、电务部门登记，请求封锁站内 8 号道岔区段××km＋××m 至××km＋××m，邻线××km＋××m 至××km＋××m 限速 160 km/h 及以下；标准站请求封锁站内 8 号道岔区段××km＋××m 至××km＋××m 的调度命令和邻线××km＋××m至××km＋××m 限速 160 km/h 及以下的调度命令。"

12. 签认本线封锁的调度命令，听取列车调度员邻线限速调度命令已下达的口头指示。

13. 将本线封锁的调度命令交给工务、电务人员，并通知工务、电务人员邻线限速调度命令已下达。工务、电务人员上线检查设备。

14. 工务部门检查后登记"8 号道岔区段设备良好"并报告 8 号道岔区段空闲，人员已下线；电务部门检查后登记"8 号道岔区段轨道电路故障，暂时不能修复，经由 8 号道岔的有关信号机停用（经由定位的引导信号除外）"，并报告 8 号道岔区段空闲，人员已下线。

15. 车站值班员签认后报告列车调度员："工务部门登记 8 号道岔区段设备良好；电务部门登记 8 号道岔区段轨道电路故障，暂时不能修复，经由 8 号道岔的有关信号机停用（经由定位的引导信号除外）；人员已下线，标准站先准备 G307 次发车进路，进路准备妥当后再请求开通站内 8 号道岔区段××km＋××m 至××km＋××m 的调度命令和邻线××km＋××m 至××km＋××m 恢复正常行车的调度命令及准许 G307 次发车的调度命令。"［作为行车凭证的调度命令在接发车进路准备好后方可向司机发布（转达）。］

16. 点灯。点灯按钮＋X_3 出站按钮。

17. 填写《现场准备列车进路登记簿》：

"G307 次 3 道发车，现场准备进路，8 号道岔反位"。

车站值班员：张三；

电务签认：王五。

18. 签认电务使用电动转辙机钥匙和手摇把登记。（调度集中控制模式下中心操作方式的车站车务应急值守人员须取得列车调度员的同意后方可签认电务人员的登记。）

19. 准备进路：

(1)现场准备进路：

①工务、电务人员现场准备进路，确认进路正确后电务勾锁器加锁、工务紧固器紧固；电务人员在《现场准备列车进路登记簿》上登记：

"G307 次 3 道发车进路好了，8 号道岔反位"。

电务：李四；

车站值班员签认：张三。

②车站值班员通知工务、电务部门人员下线，并听取人员已下线的报告。

(2)室内准备进路：将进路上的有关道岔单操至所需位置后单锁。

20. 车机联控：询问 G307 次司机是否装有 LKJ 设备，司机报告装有 LKJ 设备。

21. 确认标准站至 C 站下行线区间空闲。口呼："标准站至 C 站下行线区间空闲。"

22. 报告列车调度员："G307 次 3 道发车进路好了，G307 次装有 LKJ 设备；标准站请求开通站内 8 号道岔区段××km＋××m 至××km＋××m 的调度命令和邻线××km＋××m 至××km＋××m 恢复正常行车的调度命令及准许 G307 次发车的调度命令以及 G307 次由列控车载设备控车转 LKJ 控车的调度命令。"

23. 车站值班员签收调度命令，并使用调度命令无线传送系统将准许 G307 次发车的调度命令传送给 G307 次司机(使用调度命令无线传送系统传送行车凭证，列车调度员办理接发列车时，由列车调度员传送，车站值班员办理接发列车时，由车站值班员传送)，同时询问 G307 次司机是否收到由列控车载设备控车转 LKJ 控车的调度命令。

24. 车机联控："G307 次 3 道发车进路好了。"

25. 确认 G307 次出站灭灯。点击灭灯按钮＋X_3 发车按钮。

26. 解锁进路：

(1)室外解锁进路：通知工务、电务人员"解锁 8 号道岔"，并听取进路解锁的报告。（工务、电务人员上线解锁进路前也要在运统-46 内登记本线封锁，邻线限速 160 km/h 及以下，车站值班员报告列车调度员，列车调度员发布本线封锁调度命令和听取邻线限速调度命令以下达口头指示。）

(2)室内解锁进路：单解进路上的有关道岔。

27. 询问电务部门故障是否消除，如已消除进行试验，良好后签认《行车设备检查登记簿》。

28. 报告列车调度员："8 号道岔区段轨道电路恢复正常。"

29. 车站、电务双方清点手摇把数量、核对号码后装箱，签认电务手摇把箱加锁加封登记。

30. 登记《行车设备检查登记簿》(加封登记)：

"因办理 X_3 出站信号机灭灯，使用灭灯按钮，使用后计数器号码由×号变为×号"。

车站值班员：张三。

31. 通知电务部门计数器登记，车站值班员签认。

情景二：向 CTCS-2 级区段发车(标准站至 A 站为常态点灯的 CTCS-2 级区段)

【办理规则】

1. 预告：正常。

2. 准备进路：

(1)故障区段道岔现场手摇至所需位置电务钩锁器加锁、工务紧固器紧固；

(2)未故障区段道岔单操至所需位置后单锁(设有调车信号的车站能够排列调车进路的区段排列调车进路)。

3. 行车凭证：调度命令。

4. 办理方式：车站操作方式的车站在 CTC 车务终端办理；中心操作的车站经列车调度员准许转为非常站控后在联锁机车务终端办理。

【重点提示】

此种故障情况下向 CTCS-2 级区段发车，装有 LKJ 的动车组列车根据调度命令转为 LKJ 控车，LKJ 故障及未装有 LKJ 的动车组列车根据调度命令改隔离模式控车，列车进入区间的行车凭证均为调度命令；必须先准备进路，按 LKJ 控车的动车组列车确认第一闭塞空闲；按隔离模式控车的动车组列车确认区间空闲再请求准许列车发车的调度命令。

【故障现象】

信号操作终端上道岔区段红光带。

【实例讲解】

G308 次 4 道发车。

1. 核对列车运行计划后设置自触，口呼："自触设置好。"

设置故障：在自触 G308 次 4 道发车进路时 5 号道岔区段红光带(5 号道岔开通定位)。

2. 车站值班员通过信号操作终端确认故障现象，口呼："5 号道岔区段红光带。"

3. 取消自触。

4. 报告列车调度员："5 号道岔区段红光带，影响 G308 次发车。"

5. 通知干部上岗盯控："5 号道岔区段红光带，请上岗。"

6. 通知安全生产调度指挥中心："5 号道岔区段红光带，请盯控。"

7. 通知工务、电务：

"李四(工务姓名)，5 号道岔区段红光带，检查设备，并检查空闲。"

"王五(电务姓名)，5 号道岔区段红光带，检查设备，并检查空闲。"

8. 登记《行车设备检查登记簿》(故障登记)：

"5 号道岔区段红光带"。

电话：　　　　工务姓名：李四；

电话：　　　　电务姓名：王五；

车站值班员：张三。

9. 工务、电务部门登记："请求封锁站内 5 号道岔区段××km+××m 至××km+××m，邻线××km+××m 至××km+××m 限速 160 km/h 及以下。"

10. 车站值班员签认工务、电务登记。

11. 报告列车调度员："工务、电务部门登记，请求封锁站内 5 号道岔区段××km+××m

至××km+××m,邻线××km+××m 至××km+××m 限速 160 km/h 及以下;标准站请求封锁站内 5 号道岔区段××km+××m 至××km+××m 的调度命令和邻线××km+××m 至××km+××m 限速 160 km/h 及以下的调度命令。”

12. 签认本线封锁的调度命令,听取列车调度员邻线限速的调度命令已下达的口头指示。

13. 将本线封锁的调度命令交给工务、电务人员,并通知工务、电务人员邻线限速调度命令已下达。工务、电务人员上线检查设备。

14. 工务部门检查后登记“5 号道岔区段设备良好”并报告 5 号道岔区段空闲,人员已下线;电务部门检查后登记“5 号道岔区段轨道电路故障,暂时不能修复,经由 5 号道岔区段的有关信号机停用”;并报告 5 号道岔区段空闲,人员已下线。

15. 车站值班员签认后报告列车调度员:“工务部门登记 5 号道岔区段设备良好;电务部门登记 5 号道岔区段轨道电路故障,暂时不能修复,经由 5 号道岔区段的有关信号机停用;人员均已下线,标准站先准备 G308 次 4 道发车进路,进路准备妥当后再请求开通站内 5 号道岔区段××km+××m 至××km+××m 的调度命令和邻线××km+××m 至××km+××m 恢复正常行车的调度命令及准许 G308 次发车的调度命令。”[作为行车凭证的调度命令在接发车进路准备好后方可向司机发布(转达)。]

16. 填写《现场准备列车进路登记簿》:

“G308 次 4 道发车,现场准备进路,5 号道岔反位”。

车站值班员:张三;

电务签认:王五。

17. 签认电务使用电动转辙机钥匙和手摇把登记。(调度集中控制模式下中心操作方式的车站车务应急值守人员须取得列车调度员的同意后方可签认电务人员的登记。)

18. 准备进路:

(1)现场准备进路:

①工务、电务人员现场准备进路,确认进路正确后电务勾锁器加锁、工务紧固器紧固;电务人员在《现场准备列车进路登记簿》上登记:

“G308 次 4 道发车进路好了,5 号道岔反位”。

电务:李四;

车站值班员:张三。

②车站值班员通知工务、电务部门人员下线,并听取人员已下线的报告。

(2)室内准备进路:将进路上的有关道岔单操至所需位置后单锁。

19. 车机联控:询问 G308 次司机是否装有 LKJ 设备,司机报告装有 LKJ 设备。

20. 确认上行第一闭塞分区空闲。口呼:“上行第一闭塞分区空闲。”

21. 报告列车调度员:“G308 次 4 道发车进路好了,G308 次装有 LKJ 设备;标准站请求开通站内 5 号道岔区段××km+××m 至××km+××m 的调度命令和邻线××km+××m 至××km+××m 恢复正常行车的调度命令及准许 G308 次发车的调度命令以及 G308 次由列控车载设备控车转 LKJ 控车的调度命令。”

22. 车站值班员签收调度命令,并使用调度命令无线传送系统将准许 G308 次发车的调度命令传送给 G308 次司机(使用调度命令无线传送系统传送行车凭证,列车调度员办理接发列车时,由列车调度员传送,车站值班员办理接发列车时,由车站值班员传送),同时询问 G308 次司机是否收到由列控车载设备控车转 LKJ 控车的调度命令。

23. 车机联控："G308 次 4 道发车进路好了。"

24. 确认列车出站后解锁进路：

(1)室外解锁进路：通知工务、电务人员"解锁 5 号道岔"，并听取进路解锁的报告。(工务、电务人员上线解锁进路前也要在运统-46 内登记本线封锁，邻线限速 160 km/h 及以下，车站值班员报告列车调度员，列车调度员发布本线封锁调度命令和听取邻线限速调度命令以下达口头指示。)

(2)室内解锁进路：单解进路上的有关道岔。

25. 询问电务部门故障是否消除，如已消除进行试验，良好后签认《行车设备检查登记簿》。

26. 报告列车调度员："5 号道岔区段轨道电路恢复正常。"

27. 车站、电务双方清点手摇把数量、核对号码后装箱，签认电务手摇把箱加锁加封登记。

十三、道岔失去表示发车

情景一：向 CTCS-3 级区段发车(标准站至 C 站为 CTCS-3 级区段)

【办理规则】

1. 预告：正常。

2. 准备进路：

(1)故障区段道岔现场手摇至所需位置加锁、紧固；

(2)未故障区段道岔单操单锁(设有调车信号的车站能够排列调车进路的区段排列调车进路)。

3. 行车凭证：调度命令。

4. 有关信号机点灯、灭灯。

【重点提示】

装有 LKJ 的动车组列车改按 LKJ 控车、未装有 LKJ 的动车组列车改按隔离模式控车都必须确认区间空闲。

【故障现象】

1. 道岔挤岔报警；

2. 信号操作终端上道岔表示灯红灯。

【实例讲解】

G309 次 3 道发车。

1. 核对列车运行计划后设置自触，口呼："自触设置好。"

设置故障：在自触 G309 次发车进路时 2/4 号道岔失去表示。

2. 车站值班员通过信号操作终端确认故障现象，口呼："2/4 号道岔失去表示。"

3. 取消自触；如正在办理上行线接车时，立即呼叫上行列车机外停车。

4. 报告列车调度员："2/4 号道岔失去表示，影响 G309 次发车。"列车调度员指示通知设备部门处理(是否进行道岔扳动试验按列车调度员指示办理)。

5. 通知干部上岗盯控："2/4 号道岔失去表示，请上岗。"

6. 通知安全生产调度指挥中心："2/4 号道岔失去表示，请盯控。"

7. 通知工务、电务：

“李四(工务姓名)，2/4 号道岔失去表示，检查设备，并检查空闲。”

“王五(电务姓名)，2/4 号道岔失去表示，检查设备，并检查空闲。”

8. 登记《行车设备检查登记簿》(故障登记)：

“2/4 号道岔失去表示”。

电话：　　　工务姓名：李四；

电话：　　　电务姓名：王五；

车站值班员：张三。

9. 工务、电务部门登记：“请求封锁站内 2/4 号道岔区段××km＋××m 至××km＋××m。”

10. 车站值班员签认工务、电务登记。

11. 报告列车调度员：“工务、电务部门登记，请求封锁站内 2/4 号道岔区段××km＋××m 至××km＋××m；标准站请求封锁站内 2/4 号道岔区段××km＋××m 至××km＋××m 的调度命令。”

12. 签认封锁的调度命令。

13. 将封锁的调度命令交给工务、电务人员，工务、电务人员上线检查设备。

14. 工务部门登记“2/4 号道岔区段设备良好”并报告 2/4 号道岔区段空闲，人员已下线；电务部门检查后登记“2/4 号道岔电动转辙机故障，暂时不能修复，经由 2/4 号道岔的有关信号机停用”，并报告 2/4 号道岔区段空闲，人员已下线。

15. 车站值班员签认后报告列车调度员：“工务部门登记 2/4 号道岔区段设备良好；电务部门登记 2/4 号道岔电动转辙机故障，暂时不能修复，经由 2/4 号道岔的有关信号机停用；人员均已下线，标准站先准备 G309 次发车进路，进路准备妥当后再请求开通站内 2/4 号道岔区段××km＋××m 至××km＋××m 的调度命令及准许 G309 次发车的调度命令。”[作为行车凭证的调度命令在接发车进路准备好后方可向司机发布(转达)。]

16. 点灯：点灯按钮＋X_3 发车按钮。

17. 填写《现场准备列车进路登记簿》：

“G309 次 3 道发车，现场准备进路，2/4 号道岔定位”。

车站值班员：张三；

电务签认：王五。

18. 签认电务使用电动转辙机钥匙和手摇把登记。(调度集中控制模式下车站操作方式的车站车务应急值守人员须取得列车调度员的同意后方可签认电务人员的登记。)

19. 准备进路：

(1)现场准备进路：

①工务、电务人员现场准备进路，确认进路正确后电务勾锁器加锁、工务紧固器紧固；电务人员在《现场准备列车进路登记簿》上登记：

“G309 次 3 道发车进路好了，2/4 号道岔定位”。

电务：李四；

车站值班员：张三。

②车站值班员通知工务、电务人员下线；并听取人员已下线的汇报。

(2)室内准备进路:将进路上的有关道岔单操至所需位置后单锁。

20. 确认标准站至 C 站下行线区间空闲,口呼:“标准站至 C 站下行线区间空闲。”

21. 车机联控:询问 G309 次司机是否装有 LKJ 设备,司机报告装有 LKJ 设备。

22. 报告列车调度员:“G309 次 3 道发车进路好了,G309 次装有 LKJ 设备;标准站请求开通站内 2/4 号道岔区段××km+××m 至××km+××m 的调度命令及准许 G309 次发车的调度命令以及 G309 次由列控车载设备控车转 LKJ 控车的调度命令。”

23. 车站值班员签收调度命令,并使用调度命令无线传送系统将准许 G309 次发车的调度命令传送给 G309 次司机(使用调度命令无线传送系统传送行车凭证,列车调度员办理接发列车时,由列车调度员传送,车站值班员办理接发列车时,由车站值班员传送),同时询问 G309 次司机是否收到由列控车载设备控车转 LKJ 控车的调度命令。

24. 车机联控:“G309 次 3 道发车进路好了。”

25. 确认 G309 次出站灭灯:点击灭灯按钮+X_3 发车按钮。

26. 确认列车出站后解锁进路:

(1)室外解锁进路:通知工务、电务人员“解锁 2/4 号道岔”,并听取进路解锁的报告。(工务、电务人员上线解锁进路前也要在运统-46 内登记本线封锁,邻线限速 160 km/h 及以下,车站值班员报告列车调度员,列车调度员发布本线封锁调度命令和听取邻线限速调度命令以下达口头指示。)

(2)室内解锁进路:单解进路上的有关道岔。

27. 询问电务部门故障是否消除,如已消除进行试验,良好后签认《行车设备检查登记簿》。

28. 报告列车调度员:“2/4 号道岔电动转辙机恢复正常。”

29. 登记《行车设备检查登记簿》(加封登记):

“因办理 X_3 出站信号机灭灯,使用灭灯按钮,使用后计数器号码由×号变为×号”。

车站值班员:张三。

30. 车站、电务双方清点手摇把数量,核对号码后装箱,签认电务手摇把加锁加封登记。

情景二:向 CTCS-2 级区段发车(标准站至 A 站为常态点灯的 CTCS-2 级区段)

【办理规则】

1. 预告:正常。

2. 准备进路:

(1)故障道岔现场手摇至所需位置后电务勾锁器加锁,工务紧固器紧固;

(2)未故障道岔单操单锁(设有调车信号机的车站能够排列调车进路的区段排列调车进路)。

3. 行车凭证:调度命令。

4. 办理方式:车站操作方式的车站在 CTC 车务终端办理,中心操作的车站经列车调度员准许转为非常站控后在联锁机车务终端办理。

【重点提示】

此种故障情况下向 CTCS-2 级区段发车,装有 LKJ 的动车组列车根据调度命令转为 LKJ 控车,LKJ 故障及未装有 LKJ 的动车组列车根据调度命令改隔离模式控车,列车进入区间的行车凭证均为调度命令;必须先准备进路,按 LKJ 控车的动车组列车确认第一闭塞空闲;按隔离模式控车的动车组列车确认区间空闲再请求准许列车发车的调度命令。

【故障现象】

1. 道岔挤岔报警；

2. 信号操作终端上道岔表示灯红灯。

【实例讲解】

G310 次 4 道发车。

1. 核对列车运行计划后设置自触，口呼："自触设置好。"

设置故障：在自触 G310 次发车进路时 1/3 号道岔失去表示。

2. 车站值班员通过信号操作终端确认故障现象，口呼："1/3 号道岔失去表示。"

3. 取消自触；如正在办理下行线接车时，立即呼叫下行列车机外停车。

4. 报告列车调度员："1/3 号道岔失去表示，影响 G310 次发车。"列车调度员指示对 1/3 号道岔进行 3 次往返扳动试验(是否进行扳动试验按列车调度员的指示办理)。

5. 车站值班员对 1/3 号道岔进行 3 次往返扳动试验，经过 3 次往返扳动试验后确认 1/3 号道岔失去定、反位表示。

6. 报告列车调度员 1/3 号道岔失去定、反位表示。

7. 通知干部上岗盯控："1/3 号道岔失去定、反位表示，请上岗。"

8. 通知安全生产调度指挥中心："1/3 号道岔失去定、反位表示，请盯控。"

9. 通知工务、电务：

"李四(工务姓名)，1/3 号道岔失去定、反位表示，检查设备，并检查空闲。"

"王五(电务姓名)，1/3 号道岔失去定、反位表示，检查设备，并检查空闲。"

10. 登记《行车设备检查登记簿》(故障登记)：

"1/3 号道岔失去定、反位表示"。

电话：　　　　工务姓名：李四；

电话：　　　　电务姓名：王五；

车站值班员：张三。

11. 工务、电务部门登记："请求封锁站内 1/3 号道岔区段××km+××m 至××km+××m。"

12. 车站值班员签认工务、电务登记。

13. 报告列车调度员："工务、电务部门登记，请求封锁站内 1/3 号道岔区段××km+××m 至××km+××m；标准站请求封锁站内 1/3 号道岔区段××km+××m 至××km+××m 的调度命令。"

14. 签认封锁的调度命令。

15. 将封锁的调度命令交给工务、电务人员，工务、电务人员上线检查设备。

16. 工务部门检查后登记"1/3 号道岔区段设备良好"并报告 1/3 号道岔区段空闲人员已下线；电务部门检查后登记"1/3 号道岔电动转辙机故障，暂时不能修复，经由 1/3 号道岔区段的有关信号机停用"，并报告 1/3 号道岔区段空闲，人员已下线。

17. 车站值班员签认后报告列车调度员："工务部门登记 1/3 号道岔区段设备良好；电务部门登记 1/3 号道岔电动转辙机故障，暂时不能修复，经由 1/3 号道岔区段的有关信号机停用；

人员已下线，标准站先准备 G310 次发车进路，进路准备妥当后再请求开通站内 1/3 号道岔区段××km+××m 至××km+××m 的调度命令及准许 G310 次发车的调度命令。”[作为行车凭证的调度命令在接发车进路准备好后方可向司机发布(转达)。]

18. 填写《现场准备列车进路登记簿》：

“G310 次 4 道发车，现场准备进路，1/3 号道岔定位”。

车站值班员：张三；

电务签认：王五。

19. 签认电务使用电动转辙机钥匙和手摇把登记。(调度集中控制模式下中心操作方式的车站车务应急值守人员须取得列车调度员的同意后方可签认电务人员的登记。)

20. 准备进路：

(1)现场准备进路：

①工务、电务人员现场准备进路，确认进路正确后电务勾锁器加锁、工务紧固器紧固；电务人员在《现场准备列车进路登记簿》上登记：

“G310 次 4 道发车进路好了，1/3 号道岔定位”。

电务：李四；

车站值班员：张三。

②车站值班员通知工务、电务人员下线，并听取人员已下线的报告。

(2)将进路上的有关道岔单操至所需位置后单锁。

21. 车机联控：询问 G310 次司机是否装有 LKJ 设备，司机报告装有 LKJ 设备。

22. 确认上行第一闭塞分区空闲。口呼：“上行第一闭塞分区空闲。”

23. 报告列车调度员：“G310 次 4 道发车进路好了，G310 次装有 LKJ 设备；标准站请求开通站内 1/3 号道岔区段××km+××m 至××km+××m 的调度命令及准许 G310 次发车的调度命令以及 G310 次由列控车载设备控车转 LKJ 控车的调度命令。”

24. 车站值班员签收调度命令，并使用调度命令无线传送系统将准许 G310 次发车的调度命令传送给 G310 次司机并确认司机签收(使用调度命令无线传送系统传送行车凭证，列车调度员办理接发列车时，由列车调度员传送，车站值班员办理接发列车时，由车站值班员传送)，同时询问 G310 次司机是否收到由列控车载设备控车转 LKJ 控车的调度命令。

25. 车机联控：“G310 次 4 道发车进路好了。”

26. 确认列车出站后解锁进路：

(1)室外解锁进路：通知工务、电务人员“解锁 1/3 号道岔”，并听取进路解锁的报告。(工务、电务人员上线解锁进路前也要在运统-46 内登记本线封锁，邻线限速 160 km/h 及以下，车站值班员报告列车调度员，列车调度员发布本线封锁调度命令和听取邻线限速调度命令以下达口头指示。)

(2)室内解锁进路：单解进路上的有关道岔。

27. 询问电务部门故障是否消除，如已消除进行试验，良好后签认《行车设备检查登记簿》。

28. 报告列车调度员：“1/3 号道岔电动转辙机恢复正常。”

29. 车站、电务双方清点手摇把数量，核对号码后装箱，签认电务手摇把箱加锁加封登记。

十四、区间一个及以上闭塞分区红光带(包括一架及以上通过信号机故障)发车

情景一:列控车载设备正常向CTCS-3级区段发车(标准站至C站为CTCS-3级区段)

【办理规则】

1.预告:正常。

2.准备进路:排列列车进路。

3.行车凭证:列控车载设备显示的允许运行的速度值。

4.办理方式:车站操作方式的车站在CTC车务终端办理;中心操作的车站经列车调度员准许转为非常站控后在联锁机车务终端办理。

【重点提示】

如第一闭塞分区出现红光带出站信号机不能开放,确认区间空闲后比照出站信号机故障办理发车,引导信号能够使用时开放引导信号,引导信号不能使用时凭调度命令发车。

【故障现象】

信号操作终端上闭塞分区红光带。

【实例讲解】

G311次3道发车。

1.核对列车运行计划后设置自触,口呼:"自触设置好。"

设置故障:下行第2、第4离去红光带。

2.车站值班员通过信号操作终端确认故障现象,口呼:"下行第2、第4离去红光带。"

3.车机联控:"G311次司机列车是否已启动?"得到司机列车尚未启动的通知后通知G311次司机:"G311次标准站取消发车。"并听取司机回示。

4.取消自触后,点击总人解按钮+3道发车始端按钮,取消3道发车进路。

5.报告列车调度员:"下行第2、第4离去红光带,已呼叫G311次取消发车。"

6.通知干部上岗盯控:"下行第2、第4离去红光带,请上岗。"

7.通知安全生产调度指挥中心:"下行第2、第4离去红光带,请盯控。"

8.通知工务、电务:

"李四(工务姓名),下行第2、第4离去红光带,检查设备。"

"王五(电务姓名),下行第2、第4离去红光带,检查设备。"

9.登记《行车设备检查登记簿》(故障登记):

"下行第2、第4离去红光带"。

电话:　　　　工务姓名:李四;

电话:　　　　电务姓名:王五;

车站值班员:张三。

10.工务、电务部门登记:"请求封锁标准站至C站下行线区间;邻线××km+××m至××km+××m及××km+××m至××km+××m限速160 km/h及以下。"

11.车站值班员签认工务、电务登记。

12.报告列车调度员:"工务、电务部门登记,请求封锁标准站至C站下行线区间,邻线××km+××m至××km+××m及××km+××m至××km+××m限速160 km/h及以

下；标准站请求封锁标准站至C站下行线区间的调度命令和邻线××km+××m至××km+××m及××km+××m至××km+××m限速160 km/h及以下的调度命令。”

13. 签认封锁的调度命令。

14. 将封锁的调度命令交给工务、电务人员，并通知工务、电务人员邻线列车限速160 km/h及以下的命令已下达，工务、电务人员上线检查设备。

15. 工务部门检查后登记“下行第2、第4离去设备良好”并报告人员已下线；电务部门检查后登记“下行第2、第4离去轨道电路故障，暂时不能修复，不影响接发列车”并报告人员已下线。

16. 车站值班员签认后报告列车调度员：“工务部门登记下行第2、第4离去设备良好；电务部门登记下行第2、第4离去轨道电路故障，暂时不能修复，不影响接发列车；人员均已下线，标准站请求开通标准站至C站下行线区间的调度命令和邻线××km+××m至××km+××m及××km+××m至××km+××m恢复正常行车调度命令。”

17. 签收开通封锁区间的调度命令。

18. 报告列车调度员：“G311次按站间区间掌握行车。”

19. 询问工务：“故障地段起止里程?”工务报告：“故障地段起止里程为××km+××m至××km+××m和××km+××m至××km+××m。”

20. 确认标准站至C站下行线区间空闲，口呼：“标准站至C站下行线区间空闲。”

21. 排列进路：人工触发G311次3道发车进路。

22. 车机联控：“G311次标准站至C站下行线××km+××m至××km+××m和××km+××m至××km+××m轨道电路故障，注意运行。”

23. 签认电务下行第2、第4离去轨道电路故障修复登记。

24. 报告列车调度员：“电务登记下行第2、第4离去轨道电路恢复正常。”

25. 登记《行车设备检查登记簿》(加封登记)：

“因取消G311次3道发车进路，使用总人解按钮，使用后计数器号码由×号变为×号”。

车站值班员：张三。

26. 通知电务计数器启封登记，车站值班员签认。

情景二：列控车载设备故障向CTCS-3级区段发车(标准站至C站为CTCS-3级区段)

【办理规则】

1. 预告：正常。

2. 准备进路：单操单锁(设有调车信号机的车站排列调车进路)。

3. 行车凭证：调度命令。

4. 办理方式：车站操作方式的车站在CTC车务终端办理；中心操作的车站经列车调度员准许转为非常站控后在联锁机车务终端办理。

5. 出站信号机点灯。

【重点提示】

CTCS-3级区段区间轨道电路红光带，司机又报告列控车载设备故障，列车进入区间的行车凭证为调度命令。

【故障现象】

信号操作终端上闭塞分区红光带。

【实例讲解】

G311 次 3 道发车。

1. 核对列车运行计划后设置自触，口呼："自触设置好。"

设置故障：下行第 2、第 4 离去红光带，司机又报告列控车载设备故障装有 LKJ 设备。

2. 车站值班员通过信号操作终端确认故障现象，口呼："下行第 2、第 4 离去红光带"。

3. 车机联控："G311 次司机列车是否已启动？"得到司机列车尚未启动的通知后通知 G311 次司机："G311 次标准站取消发车。"并听取司机回示。此时司机报告列控车载设备故障装有 LKJ 设备。

4. 取消自触后，点击总人解按钮＋3 道发车始端按钮，取消 3 道发车进路。

5. 报告列车调度员："下行第 2、第 4 离去红光带，已呼叫 G311 次取消发车；G311 次司机报告列控车载设备故障装有 LKJ 设备。"

6. 通知干部上岗盯控："下行第 2、第 4 离去红光带，请上岗。"

7. 通知安全生产调度指挥中心："下行第 2、第 4 离去红光带，请盯控。"

8. 通知工务、电务：

"李四（工务姓名），下行第 2、第 4 离去红光带，检查设备。"

"王五（电务姓名），下行第 2、第 4 离去红光带，检查设备。"

9. 登记《行车设备检查登记簿》（故障登记）：

"下行第 2、第 4 离去红光带"。

电话：　　工务姓名：李四；

电话：　　电务姓名：王五；

车站值班员：张三。

10. 工务、电务部门登记："请求封锁标准站至 C 站下行线区间；邻线××km＋××m 至××km＋××m 及××km＋××m 至××km＋××m 限速 160 km/h 及以下。"

11. 车站值班员签认工务、电务登记。

12. 报告列车调度员："工务、电务部门登记，请求封锁标准站至 C 站下行线区间；邻线××km＋××m 至××km＋××m 及××km＋××m 至××km＋××m 限速 160 km/h 及以下；标准站请求封锁标准站至 C 站下行线区间的调度命令和邻线××km＋××m 至××km＋××m 及××km＋××m 至××km＋××m 限速 160 km/h 及以下的调度命令。"

13. 签认封锁的调度命令。

14. 将封锁的调度命令交给工务、电务人员，并通知工务、电务人员邻线列车限速 160 km/h 及以下的命令已下达，工务、电务人员上线检查设备。

15. 工务部门检查后登记"下行第 2、第 4 离去设备良好"并报告人员已下线；电务部门检查后登记"下行第 2、第 4 离去轨道电路故障，暂时不能修复，不影响接发列车"并报告人员已下线。

16. 车站值班员签认后报告列车调度员："工务部门登记下行第 2、第 4 离去设备良好；电务部门登记下行第 2、第 4 离去轨道电路故障，暂时不能修复，不影响接发列车；人员均已下线，标准站请求开通标准站至 C 站下行线区间的调度命令和邻线××km＋××m 至××km＋××m 及××km＋××m 至××km＋××m 恢复正常行车调度命令。"

17. 签收开通封锁区间的调度命令。

18. 报告列车调度员："G311 次按站间区间掌握行车。"同时报告列车调度员："标准站先准备 G311 次发车进路，进路准备妥当后再请求准许 G311 次发车的调度命令和 G311 次由列控车载设备控车转 LKJ 控车的调度命令。"[作为行车凭证的调度命令，在接发列车进路准备妥当后，方可向司机发布(转达)。(《技规》第 271 条第 2 款)]

19. 询问工务："故障地段起止里程?"工务报告："故障地段起止里程为××km+××m 至××km+××m 和××km+××m 至××km+××m。"

20. 点灯，点击点灯按钮+X_3 出站按钮。

21. 准备进路：将进路上的道岔单操至所需位置后单锁(设有调车信号机的车站排列调车进路)。

22. 确认标准站至 C 站下行线区间空闲，口呼："标准站至 C 站下行线区间空闲。"

23. 报告列车调度员："G311 次 3 道发车进路好了，标准站请求准许 G311 次发车的调度命令和 G311 次由列控车载设备控车转 LKJ 控车的调度命令。"

24. 签认准许 G311 次发车的调度命令，并使用调度命令无线传送系统传送给 G311 次司机[使用调度命令无线传送系统传送行车凭证，列车调度员办理接发列车时，由列车调度员传送，车站值班员办理接发列车时，由车站值班员传送。(《技规》第 271 条第 3 款)]；并询问 G311 次司机是否收到由列控车载设备控车转 LKJ 控车的调度命令。

25. 车机联控："G311 次 3 道发车进路好了，标准站至 C 站下行线××km+××m 至××km+××m 和××km+××m 至××km+××m 轨道电路故障，注意运行。"

26. 确认列车出站后灭灯，点击灭灯按钮+X_3 出站按钮。

27. 解锁进路，单解进路上的有关道岔。

28. 签认电务下行第 2、第 4 离去轨道电路故障修复登记。

29. 报告列车调度员："电务登记下行第 2、第 4 离去轨道电路恢复正常。"

30. 登记《行车设备检查登记簿》(加封登记)：

(1)"因取消 G311 次 3 道发车进路，使用总人解按钮，使用后计数器号码由×号变为×号"。

车站值班员：张三。

(2)"因办理 X_3 出站信号机灭灯，使用灭灯按钮，使用后计数器号码由×号变为×号"。

车站值班员：张三。

31. 通知电务计数器启封登记，车站值班员签认。

情景三：列控车载设备正常向 CTCS-2 级区段发车(标准站至 A 站为常态点灯的 CTCS-2 级区段)

【办理规则】

1. 预告：正常。

2. 准备进路：排列列车进路。

3. 行车凭证：列控车载设备显示的允许运行的速度值。

4. 办理方式：车站操作方式的车站在 CTC 车务终端办理；中心操作的车站经列车调度员准许转为非常站控后在联锁机车务终端办理。

【重点提示】

如第一闭塞分区出现红光带出站信号机不能开放，确认区间空闲后比照出站信号机故障办理发车，列车进入区间的行车凭证为调度命令。

【故障现象】

信号操作终端上闭塞分区红光带。

【实例讲解】

G312 次 4 道发车。

1. 核对列车运行计划后设置自触，口呼："自触设置好。"

设置故障：上行第 2、第 3 离去红光带。

2. 车站值班员通过信号操作终端确认故障现象，口呼："上行第 2、第 3 离去红光带。"

3. 车机联控："G312 次司机列车是否已启动?"得到司机列车尚未启动的通知后通知 G312 次司机："G312 次标准站取消发车。"并听取司机回示。

4. 取消自触后；点击总人解按钮＋4 道发车始端按钮，取消 4 道发车进路。

5. 报告列车调度员："上行第 2、第 3 离去红光带，已呼叫 G312 取消发车。"

6. 通知干部上岗盯控："上行第 2、第 3 离去红光带，请上岗。"

7. 通知安全生产调度指挥中心："上行第 2、第 3 离去红光带，请盯控。"

8. 通知工务、电务：

"李四(工务姓名)，上行第 2、第 3 离去红光带，检查设备。"

"王五(电务姓名)，上行第 2、第 3 离去红光带，检查设备。"

9. 登记《行车设备检查登记簿》(故障登记)：

"上行第 2、第 3 离去红光带"。

电话：　　　　工务姓名：李四；

电话：　　　　电务姓名：王五；

车站值班员：张三。

10. 工务、电务部门登记："请求封锁标准站至 A 站上行线区间；邻线××km＋××m 至××km＋××m 限速 160 km/h 及以下。"

11. 车站值班员签认工务、电务登记。

12. 报告列车调度员："工务、电务部门登记，请求封锁标准站至 A 站上行线区间；邻线××km＋××m 至××km＋××m 限速 160 km/h 及以下；标准站请求封锁标准站至 A 站上行线区间的调度命令和邻线××km＋××m 至××km＋××m 限速 160 km/h 及以下的调度命令。"

13. 签认封锁的调度命令。

14. 将封锁的调度命令交给工务、电务人员，并通知工务、电务人员邻线列车限速 160 km/h 及以下的调度命令已下达，工务、电务人员上线检查设备。

15. 工务部门检查后登记"上行第 2、第 3 离去设备良好"并报告人员已下线；电务部门检查后登记"上行第 2、第 3 离去轨道电路故障，暂时不能修复，不影响接发列车"并报告人员已下线。

16. 车站值班员签认后报告列车调度员："工务部门登记上行第 2、第 3 离去设备良好；电务部门登记上行第 2、第 3 离去轨道电路故障，暂时不能修复，不影响接发列车；人员均已下线，标准站请求开通标准站至 A 站上行线区间的调度命令和邻线××km＋××m 至××km＋

××m 恢复正常行车调度命令。”

17. 签收开通封锁区间的调度命令。

18. 报告列车调度员：“G312 次按站间区间掌握行车。”

19. 询问电务“防护上行第 2、第 3 闭塞分区的通过信号机编号是什么?”电务报告：“故障闭塞分区的通过信号机编号为×号和×号。”

20. 确认标准站至 A 站上行线区间空闲，口呼：“标准站至 A 站上行线区间空闲。”

21. 排列进路：人工触发 G312 次 4 道发车进路。

22. 车机联控：“G312 次标准站至 A 站上行线第×号和第×号通过信号机故障，注意运行。”

23. 签认电务上行第 2、第 3 离去轨道电路故障修复登记。

24. 报告列车调度员：“电务登记上行第 2、第 3 离去轨道电路恢复正常。”

25. 登记《行车设备检查登记簿》(加封登记)：

“因取消 G312 次 4 道发车进路，使用总人解按钮，使用后计数器号码由×号变为×号”。

车站值班员：张三。

26. 通知电务计数器启封登记，车站值班员签认。

情景四：列控车载设备故障向 CTCS-2 级区段发车(标准站至 A 站为常态点灯的 CTCS-2 级区段)

【办理规则】

1. 预告：正常。

2. 准备进路：排列列车进路。

3. 行车凭证：出站信号机显示的允许运行的信号。

4. 办理方式：车站操作方式的车站在 CTC 车务终端办理；中心操作的车站经列车调度员准许转为非常站控后在联锁机车务终端办理。

【重点提示】

如第一闭塞分区出现红光带出站信号机不能开放，确认区间空闲后比照出站信号机故障办理发车，列车进入区间的行车凭证为调度命令。

【故障现象】

信号操作终端上闭塞分区红光带。

【实例讲解】

G312 次 4 道发车。

1. 核对列车运行计划后设置自触，口呼：“自触设置好。”

设置故障：上行第 2、第 3 离去红光带。

2. 车站值班员通过信号操作终端确认故障现象，口呼：“上行第 2、第 3 离去红光带。”

3. 车机联控：“G312 次司机列车是否已启动?”得到司机列车尚未启动的通知后通知 G312 次司机：“G312 次标准站取消发车。”并听取司机回示。

4. 取消自触后，点击总人解按钮+4 道发车始端按钮，取消 4 道发车进路。

5. 报告列车调度员：“上行第 2、第 3 离去红光带，已呼叫 G312 次取消发车；G312 次司机报告列控车载设备和LKJ设备均故障。”

6. 通知干部上岗盯控:“上行第2、第3离去红光带,请上岗。”

7. 通知安全生产调度指挥中心:“上行第2、第3离去红光带,请盯控。”

8. 通知工务、电务:

“李四(工务姓名),上行第2、第3离去红光带,检查设备。”

“王五(电务姓名),上行第2、第3离去红光带,检查设备。”

9. 登记《行车设备检查登记簿》(故障登记):

“上行第2、第3离去红光带”。

电话:　　　　工务姓名:李四;

电话:　　　　电务姓名:王五;

车站值班员:张三。

10. 工务、电务部门登记:“请求封锁标准站至A站上行线区间,邻线××km+××m至××km+××m限速160 km/h及以下。”

11. 车站值班员签认工务、电务登记。

12. 报告列车调度员:“工务、电务部门登记,请求封锁标准站至A站上行线区间;邻线××km+××m至××km+××m限速160 km/h及以下;标准站请求封锁标准站至A站上行线区间的调度命令和邻线××km+××m至××km+××m限速160 km/h及以下的调度命令。”

13. 签认封锁的调度命令。

14. 将封锁的调度命令交给工务、电务人员,并通知工务、电务人员邻线列车限速160 km/h及以下的调度命令已下达,工务、电务人员上线检查设备。

15. 工务部门检查后登记“上行第2、第3离去设备良好”并报告人员已下线;电务部门检查后登记“上行第2、第3离去轨道电路故障,暂时不能修复,不影响接发列车”并报告人员已下线。

16. 车站值班员签认后报告列车调度员:“工务部门登记上行第2、第3离去设备良好;电务部门登记上行第2、第3离去轨道电路故障,暂时不能修复,不影响接发列车;人员均已下线,标准站请求开通标准站至A站上行线区间的调度命令和邻线××km+××m至××km+××m恢复正常行车调度命令和G312次由列控车载设备控车转隔离模式控车的调度命令。”

17. 签收开通封锁区间的调度命令。

18. 报告列车调度员:“G312次按站间区间掌握行车。”

19. 询问电务“防护故障闭塞分区的通过信号机编号?”电务报告:“故障闭塞分区的通过信号机编号为×号和×号。”

20. 确认标准站至A站上行线区间空闲,口呼:“标准站至A站上行线区间空闲。”

21. 排列进路:人工触发G312次4道发车进路。

22. 车机联控:“G312次4道出站信号好了,标准站至A站上行线第×号和第×号通过信号机故障,注意运行。”

23. 签认电务上行第2、第3离去轨道电路故障修复登记。

24. 报告列车调度员:“电务登记上行第2、第3离去轨道电路恢复正常。”

25. 登记《行车设备检查登记簿》(加封登记):

“因取消G312次4道发车进路,使用总人解按钮,使用后计数器号码由×号变为×号”。

车站值班员：张三。

26.通知电务计数器启封登记，车站值班员签认。

十五、反方向发车

【办理规则】

1.预告：正常。

2.准备进路：正常。

3.行车凭证：列控车载设备显示的允许运行的速度值(列控车载设备故障装有 LKJ 的按 LKJ 控车，LKJ 故障或未装有 LKJ 的改按隔离模式行车，列车进入区间的行车凭证为出站信号机显示的允许运行的信号，CTCS-3 级区段须点灯、灭灯)。

【重点提示】

1.办理反方向行车时，经值班干部同意后可以关闭区间占用逻辑检查功能，并在《行车设备检查登记簿》内登记；如果不关闭区间占用逻辑检查功能出现的列车占用丢失报警，车站值班员确认列车到达前方站后，进行人工解锁，不通知电务人员检查。

2.反方向行车按站间区间掌握行车，必须确认反方向区间空闲。

3.反方向行车要发布反方向行车的调度命令。

4.反方行车时列车调度员需要重新下达反方向行车的阶段计划才能实现人工触发或自动触发。

【故障现象】

旅客列车在正方向区间封锁、发生自然灾害、因事故中断行车、设备故障严重影响行车。

【实例讲解】

G311 次 3 道待开。

设置故障：标准站至 C 站下行线 13 km＋600 m 至 14 km＋800 m 处轨道电路红光带，工务检查后登记 13 km＋900 m 处断轨，区间封锁的调度命令已下达。

1.请示列车调度员是否办理 G311 次反方向行车，列车调度员准许并重新下达 G311 次反方向行车的阶段计划。

2.通知干部盯控："办理 G311 次反方向行车请上岗。"

3.通知安全生产调度指挥中心："办理 G311 次反方向行车请盯控。"

4.通过《电子行车日志》确认反方向区间空闲，口呼："C 站至标准站上行线区间空闲。"

5.请求反方行车的调度命令，用语："标准站请求利用 C 站至标准站上行线反方向行车的调度命令。"

6.签收调度命令后传送给 G311 次司机，并确认司机签收；与 C 站核对调度命令。

7.关闭区间占用逻辑检查功能：请示值班干部是否准许关闭 C 站至标准站上行线区间占用逻辑检查功能，值班干部同意后，关闭 C 站至标准站上行线区间占用逻辑检查功能。

操作方法：点击车务终端"管理功能"，找到"列控区间占用逻辑检查"一栏进行点击，输入密码"123"，再点击"区间逻辑检查关闭"，依次点击"关闭验证"和"关闭执行"，区间占用逻辑检查表示灯由绿灯变为红灯。

8.进行改方操作：点击"功能按钮"后再点击"S 允许改方按钮"。

9.设置人工触发，排列列车进路。

10. 车机联控:“G311 次反方向运行,侧向出站,限速 80 km/h。”

11. 开启区间占用逻辑检查功能:确认列车整列到达 C 站后开启 C 站至标准站上行线区间占用逻辑检查功能。

操作方法:点击车务终端“管理功能”,找到“列控区间占用逻辑检查”一栏进行点击,输入密码“123”,再点击“区间逻辑检查开启”,依次点击“开启验证”和“开启执行”,区间占用逻辑检查表示灯由红灯变为绿灯。

12. 登记《行车设备检查登记簿》(加封登记):

(1)“因办理 G311 次反方向行车,使用 S 允许改方按钮,使用后计数器号码由×号变为×号”。

车站值班员:张三。

(2)“因关闭 C 站至标准站上行线区间占用逻辑检查功能,使用区间逻辑检查按钮,使用后计数器号码由×号变为×号”。

车站值班员:张三。

(3)“因开启 C 站至标准站上行线区间占用逻辑检查功能,使用区间逻辑检查按钮,使用后计数器号码由×号变为×号”。

车站值班员:张三。

13. 通知电务计数器启封登记,车站值班员签认。

十六、停止基本闭塞法改电话闭塞法行车

【办理规则】

1. 闭塞:电话闭塞。

2. 准备进路:单操单锁(设有调车信号的车站优先使用排列调车进路)。

3. 行车凭证:调度命令(装有 LKJ 的按 LKJ 控车,LKJ 故障或未装有 LKJ 的改按隔离模式控车,CTCS-3 级区段须点灯、灭灯)。

4. 办理方式:车站操作方式的车站在 CTC 车务终端办理;中心操作的车站经列车调度员准许转为非常站控后在联锁机车务终端办理。

【重点提示】

1. 必须确认区间空闲。

2. 停止基本闭塞法改电话闭塞法行车的调度命令。

3. 取得接车站承认闭塞的电话记录号码。

【故障现象】

1. 基本闭塞设备发生故障导致基本闭塞法不能使用。

2. 自动站间闭塞区间,出站信号机故障且引导信号不能开放。

可以解读为:双线自动闭塞区间反方向行车(反方向为自动站间闭塞)又遇出站信号机故障且引导信号不能使用。

情景一:向 CTCS-2 级区段反方向发车,出站信号机不能开放

【实例讲解】

G312 次 4 道待开。

1. 核对列车运行计划后设置自触，口呼："自触设置好。"

设置故障：上行第 3 离去红光带，下行第 1 接近红光带。

2. 车站值班员通过信号操作终端确认故障现象，口呼："上行第 3 离去红光带，下行第 1 接近红光带。"

3. 车机联控："G312 次司机列车是否已启动？"得到司机列车尚未启动的通知后通知 G312 次司机："G312 次标准站取消发车。"并听取司机回示。

注：如果邻站为车站操作方式的车站应及时通知邻站。

4. 取消自触。

5. 取消发车进路：点击总人解按钮＋4 道发车始端按钮。

6. 报告列车调度员："上行第 3 离去红光带，下行第 1 接近红光带，已呼叫 G312 次取消发车。"

7. 通知干部上岗盯控："上行第 3 离去红光带，下行第 1 接近红光带，请上岗。"

8. 通知安全生产调度指挥中心："上行第 3 离去红光带，下行第 1 接近红光带，请盯控。"

9. 通知工务、电务：

"李四(工务姓名)，上行第 3 离去红光带，下行第 1 接近红光带，检查设备。"

"王五(电务姓名)，上行第 3 离去红光带，下行第 1 接近红光带，检查设备。"

10. 登记《行车设备检查登记簿》(故障登记)：

"上行第 3 离去红光带，下行第 1 接近红光带"。

电话：　　　　工务：李四；

电话：　　　　电务：王五；

车站值班员：张三。

11. 工务、电务部门登记："请求封锁标准站至 A 站上、下行线区间。"

12. 车站值班员签认工务、电务登记。

13. 报告列车调度员："工务、电务部门登记请求封锁标准站至 A 站上、下行线区间；标准站请求封锁标准站至 A 站上、下行线区间的调度命令。"

14. 签认上、下线区间封锁的调度命令。

15. 将区间封锁的调度命令交给工务、电务人员；工务、电务人员上线检查设备。

16. 工务部门检查后登记"上行第 3 离去断轨，需要进行换轨施工；下行第 1 接近设备良好"并报告人员已下线；电务部门检查后登记"上行第 3 离去、下行第 1 接近轨道电路故障，暂时不能修复，不影响接发列车"并报告人员已下线。(换轨施工作业过程本例不作表述。)

17. 车站值班员签认后报告列车调度员："工务部门登记上行第 3 离去断轨，需要进行换轨施工；下行第 1 接近设备良好；电务部门登记上行第 3 离去、下行第 1 接近轨道电路故障，暂时不能修复，不影响接发列车；人员均已下线，标准站请求开通 A 站至标准站下行线区间的调度命令。"

18. 签收开通下行线区间的调度命令。

19. 请示列车调度员是否办理 G312 次反方向发车，列车调度员指示可以办理反方向发车。列车调度员重新下达 G312 次反方向行车的阶段计划。

20. 通过《电子行车日志》确认 A 站至标准站下行线区间空闲，口呼："A 站至标准站下行线区间空闲。"

21. 请求调度命令："标准站请求利用 A 站至标准站下行线反方向行车的调度命令和 A 站至标准站下行线停止基本闭塞法改按电话闭塞法行车的调度命令。"

22. 签收调度命令(如邻站为车站操作方式的车站还需与邻站车站值班员核对),揭挂“闭塞机停止使用”表示牌。

23. 使用调度命令传送系统将反方向行车的调度命令和A站至标准站下行线停止基本闭塞法改按电话闭塞法行车的调度命令传送给G312次司机,确认司机签收。

24. 再次通过《电子行车日志》确认A站至标准站下行线区间空闲,口呼:“A站至标准站下行线区间空闲。”揭挂“区间空闲”表示牌。

25. 请求使用总辅助按钮改变闭塞方向的调度命令,并签收。

26. 进行改方操作:标准站点击X总辅助按钮+X发辅助按钮;操作完毕通知A站进行改方操作,A站点击X总辅助按钮+X接辅助按钮。

27. 关闭区间占用逻辑检查功能:请示值班干部是否准许关闭A站至标准站下行线区间占用逻辑检查功能,值班干部同意后,关闭A站至标准站下行线区间占用逻辑检查功能。

操作方法:点击车务终端“管理功能”,找到“列控区间占用逻辑检查”一栏进行点击,输入密码“123”,找到所要关闭的区间,再点击“区间逻辑检查关闭”,依次点击“关闭验证”和“关闭执行”,区间占用逻辑检查表示灯变为红灯。

28. 办理闭塞:

标准站值班员:“反方向G312次闭塞。”

列车调度员(A站为中心控制):“1号,×点×分同意反方向G312次闭塞。”

标准站值班员复诵:“1号,×点×分同意反方向G312次闭塞。”并口呼:“反方向G312次闭塞好了。”摘下“区间空闲”表示牌,揭挂“区间占用”表示牌。

29. 准备进路:单操进路上的有关道岔至所需位置后单锁(有调车信号的车站优先排列调车进路)。

30. 车机联控:询问G312次司机是否装有LKJ设备,司机报告装有LKJ设备。

31. 请求调度命令:“G312次反方向发车进路好了,G312次装有LKJ设备;标准站请求准许G312次发车的调度命令和G312次由列控车载设备控车转LKJ控车的调度命令。”

32. 签收调度命令,并使用调度命令无线传送系统将准许G312次发车的调度命令传送给G312次司机,确认司机签收。并询问G312次司机是否收到转LKJ控车的调度命令。

33. 车机联控:“G312次4道发车进路好了,反方向运行,侧向出站,限速45 km/h。”

34. 确认列车出站后解锁进路,单解进路上的有关道岔。

35. 列车到达A站:

列车调度员(A站为中心控制):“2号,G312次×点×分到。”

标准站值班员复诵:“2号,G312次×点×分到。”确认A站至标准站间下行线区间空闲,口呼:“A站至标准站间下行线区间空闲。”摘下“区间占用”表示牌,揭挂“区间空闲”表示牌。

36. 签认电务人员“下行第1接近轨道电路恢复正常”的登记。

37. 报告列车调度员:“电务登记下行第1接近轨道电路恢复正常,标准站请求A站至标准站下行线恢复基本闭塞法的调度命令。”

38. 签收调度命令,摘下“闭塞机停止使用”表示牌和“区间空闲”表示牌。

39. 请求使用X总辅助按钮改变闭塞方向的调度命令,并签收。

40. 进行改方操作:A站点击X总辅助按钮+X发辅助按钮;操作完毕通知标准站进行改方操作,标准站点击X总辅助按钮+X接辅助按钮。

41. 开启 A 站至标准站下行线区间占用逻辑检查功能。

操作方法：点击车务终端“管理功能”，找到“列控区间占用逻辑检查”一栏进行点击，输入密码“123”，找到所要开启的区间，再点击“区间逻辑检查开启”，依次点击“开启验证”和“开启执行”，区间占用逻辑检查表示灯变为绿灯。

42. 登记《行车设备检查登记簿》：

(1)“因取消 G312 次 4 道发车进路使用总人解按钮，使用后计数器号码由×号变为×号”。

车站值班员：张三。

(2)“因办理 G312 次改方操作使用 X 总辅助按钮，使用后计数器号码由×号变为×号”。

车站值班员：张三。

(3)“因办理 G312 次改方操作使用 X 发辅助按钮，使用后计数器号码由×号变为×号”。

车站值班员：张三。

(4)“因办理 A 站至标准站下行线改方操作使用 X 总辅助按钮，使用后计数器号码由×号变为×号”。

车站值班员：张三。

(5)“因办理 A 站至标准站下行线改方操作使用 X 接辅助按钮，使用后计数器号码由×号变为×号”。

车站值班员：张三。

(6)“因关闭 A 站至标准站下行线区间占用逻辑检查功能，启封使用区间占用逻辑检查按钮，使用后计数器号码由×号变为×号”。

车站值班员：张三。

(7)“因开启 A 站至标准站下行线区间占用逻辑检查功能，启封使用区间占用逻辑检查按钮，使用后计数器号码由×号变为×号”。

车站值班员：张三。

43. 通知电务计数器启封登记，车站值班员签认。

44. 上行线换轨施工完毕后恢复正方向行车。

情景二：向 CTCS-3 级区段反方向发车，出站信号机不能开放且引导信号也不能开放

【实例讲解】

G313 次 4 道待开。

1. 核对列车运行计划后设置自触，口呼：“自触设置好。”

设置故障：下行第 3 离去红光带，上行第 1 接近红光带。

2. 车站值班员通过信号操作终端确认故障现象，口呼：“下行第 3 离去红光带，上行第 1 接近红光带。”

3. 车机联控：“G313 次司机列车是否已启动？”得到司机列车尚未启动的通知后通知 G313 次司机：“G313 次标准站取消发车。”并听取司机回示；通知 C 站（C 站为车站操作方式的车站）：“标准站上行第 1 接近红光带。”

4. 取消自触。

5. 取消发车进路：点击总人解按钮＋4 道发车始端按钮。

6. 报告列车调度员:“下行第 3 离去红光带,上行第 1 接近红光带,已呼叫 G313 次取消发车,已通知 C 站。”

7. 通知干部上岗盯控:“下行第 3 离去红光带,上行第 1 接近红光带,请上岗。”

8. 通知安全生产调度指挥中心:“下行第 3 离去红光带,上行第 1 接近红光带,请盯控。”

9. 通知工务、电务:

“李四(工务姓名),下行第 3 离去红光带,上行第 1 接近红光带,检查设备。”

“王五(电务姓名),下行第 3 离去红光带,上行第 1 接近红光带,检查设备。”

10. 登记《行车设备检查登记簿》(故障登记):

“下行第 3 离去红光带,上行第 1 接近红光带”。

电话:　　　　工务姓名:李四;

电话:　　　　电务姓名:王五;

车站值班员:张三。

11. 工务、电务部门登记:“请求封锁 C 站至标准站上、下行线区间。”

12. 车站值班员签认工务、电务登记。

13. 报告列车调度员:“工务、电务部门登记请求封锁 C 站至标准站上、下行线区间;标准站请求封锁 C 站至标准站上、下行线区间的调度命令。”

14. 签认 C 站至标准站上、下线区间封锁的调度命令,并与 C 站核对调度命令。

15. 将区间封锁的调度命令交给工务、电务人员;工务、电务人员上线检查设备。

16. 工务部门检查后登记“下行第 3 离去断轨,需要进行换轨施工;上行第 1 接近设备良好”并报告人员已下线;电务部门检查后登记“下行第 3 离去、上行第 1 接近轨道电路故障,暂时不能修复,不影响接发列车”并报告人员已下线。(换轨施工作业过程本例不作表述。)

17. 车站值班员签认后报告列车调度员:“工务部门登记下行第 3 离去断轨,需要进行换轨施工;上行第 1 接近设备良好;电务部门登记下行第 3 离去、上行第 1 接近轨道电路故障,暂时不能修复,不影响接发列车;人员均已下线,标准站请求开通 C 站至标准站上行线区间的调度命令。”

18. 签收开通上行线区间的调度命令,并与 C 站核对调度命令。

19. 请示列车调度员是否办理 G313 次反方向发车,列车调度员指示可以办理反方向发车。列车调度员重新下达 G313 次反方向行车的阶段计划。

20. 通过《电子行车日志》确认 C 站至标准站上行线区间空闲,口呼:“C 站至标准站上行线区间空闲。”

21. 请求调度命令:“标准站请求利用 C 站至标准站上行线反方向行车的调度命令。”

22. 签收调度命令,并与 C 站核对调度命令后,使用调度命令传送系统将反方向行车的调度命令传送给 G313 次司机,并确认司机签收。

23. 报告列车调度员:“标准站请求 G313 次使用引导信号发车。”列车调度员准许。

24. 车机联控:“G313 次标准站准备引导发车。”

25. 再次通过《电子行车日志》确认 C 站至标准站上行线区间空闲,口呼:“C 站至标准站上行线区间空闲。”

26. 请求使用总辅助按钮改变闭塞方向的调度命令,并签收。

27. 进行改方操作:标准站点击 S 总辅助按钮+S 发辅助按钮;操作完毕通知 C 站进行改方操作,C 站点击 S 总辅助按钮+S 接辅助按钮。

28. 关闭区间占用逻辑检查功能：请示值班干部是否准许关闭 C 站至标准站上行线区间占用逻辑检查功能，值班干部同意后，关闭 C 站至标准站上行线区间占用逻辑检查功能。

操作方法：点击车务终端“管理功能”，找到“列控区间占用逻辑检查”一栏进行点击，输入密码“123”，找到所要关闭的区间，再点击“区间逻辑检查关闭”，依次点击“关闭验证”和“关闭执行”，区间占用逻辑检查表示灯由绿灯变为红灯。

29. 预告：不用办理预告，由 CTC 自动办理预告。

30. 办理引导发车：点击控制命令栏“引导按钮”，再点击 X_4 出站引导按钮。

设置故障：G313 次司机报告列控车载设备故障未装有 LKJ 设备。

31. 车机联控：“G313 次司机列车是否已启动？”得到司机列车尚未启动的通知后通知 G313 次司机：“G313 次标准站取消发车。”并听取司机回示。

32. 取消人工触发，取消 G313 次发车进路：点击总人解按钮＋X_4 发车始端按钮。

33. 报告列车调度员：“G313 次司机报告列控车载设备故障未装有 LKJ 设备，已取消 G313 次发车；标准站请求 G313 次由列控车载设备控车改隔离模式控车的调度命令。”

34. 列车调度员向 G313 次司机传送改隔离模式控车的调度命令（此命令由列车调度员直接出送给 G313 次司机）。

35. 车站值班员询问 G313 次司机：“是否收到改隔离模式控车的调度命令？”G313 次司机回复已收到改隔离模式控车的调度命令。

36. 出站信号机点灯：点灯按钮＋X_4 发车始端按钮。

设置故障：X_4 出站信号机点灯时，X_4 出站信号机复示器红灯闪光。

37. 确认故障现象口呼：“X_4 出站信号机复示器红灯闪光。”

38. 报告列车调度员：“X_4 出站信号机复示器红灯闪光。”

39. 通知值班干部：“X_4 出站信号机复示器红灯闪光，请盯控。”

40. 通知安全生产调度指挥中心：“X_4 出站信号机复示器红灯闪光，请盯控。”

41. 通知电务部门：“王五（电务姓名）：X_4 出站信号机复示器红灯闪光，检查设备。”

42. 登记《行车设备检查登记簿》（故障登记）：

“X_4 出站信号机复示器红灯闪光”。

电话：　　　电务：王五；

车站值班员：张三。

43. 电务部门登记：“请求封锁站内××km＋××m 至××km＋××m。”

44. 车站值班员签认电务登记。

45. 报告列车调度员：“电务部门登记请求封锁站内××km＋××m 至××km＋××m；标准站请求封锁站内××km＋××m 至××km＋××m 的调度命令。”

46. 车站值班员签认封锁站内××km＋××m 至××km＋××m 的调度命令。

47. 将封锁的调度命令交给电务人员；电务人员上线检查设备。

48. 电务检查后登记“X_4 出站信号机故障，暂时不能修复，不影响接发列车，X_4 出站信号机停用”并报告人员已下线；车站值班员签认。

49. 报告列车调度员：“电务部门登记 X_4 出站信号机故障，暂时不能修复，不影响接发列车，X_4 出站信号机停用；标准站请求开通站内××km＋××m 至××km＋××m 的调度命令。”

50. 签收开通站内××km+××m至××km+××m的调度命令。

51. 取消G313次预告:"C站,G313次取消预告。"

52. 通过《电子行车日志》确认区间空闲,口呼:"C站至标准站上行线区间空闲。"

53. 请求停止基本闭塞法改电话闭塞法行车的调度命令:"标准站请求C站至标准站上行线停止基本闭塞法改按电话闭塞发行车的调度命令。"

54. 接收停止基本闭塞法改电话闭塞法行车的调度命令后,并与C站核对调度命令;揭挂"闭塞机停止使用"表示牌。

55. 使用调度命令无线传送系统将C站至标准站上行线停止基本闭塞法改按电话闭塞发行车的调度命传送给G313次司机,并确认司机签收。

56. 通过《电子行车日志》确认C站至标准站间上行线区间空闲,口呼:"C站至标准站间上行线区间空闲。"揭挂"区间空闲"表示牌。

57. 办理闭塞:标准站值班员与C站值班员(C站为车站控制)办理G313次闭塞。

标准站值班员:"反方向G313次闭塞。"

C站:"1号,×点×分同意反方向G313次闭塞。"

标准站值班员复诵:"1号,×点×分同意反方向G313次闭塞。"并口呼:"反方向G313次闭塞好了。"摘下"区间空闲"表示牌,揭挂"区间占用"表示牌。

58. 准备进路:单操进路上的有关道岔至所需位置后单锁(有调车信号的车站优先排列调车进路)。

59. 报告列车调度员:"G313次反方向发车进路好了,标准站请求准许G313次发车的调度命令。"

60. 签收调度命令,并使用调度命令无线传送系统将准许G313次发车的调度命令传送给G313次司机,并确认司机签收。

61. 车机联控:"G313次4道发车进路好了,反方向运行,侧向出站,限速45 km/h。"

62. 确认列车出站后解锁进路,单解进路上的有关道岔。

63. 列车到达C站:

C站:"2号,G313次×点×分到。"

标准站值班员复诵:"2号,G313次×点×分到。"通过《电子行车日志》确认C站至标准站间上行线区间空闲,口呼:"C站至标准站间上行线区间空闲。"摘下"区间占用"表示牌,揭挂"区间空闲"表示牌。

64. 签认电务人员"上行第1接近轨道电路恢复正常和X_4出站信号机恢复正常"的登记。

65. 报告列车调度员:"电务登记上行第1接近轨道电路恢复正常和X_4出站信号机恢复正常,标准站请求C站至标准站上行线恢复基本闭塞法的调度命令。"

66. 签收调度命令并与C站核对,摘下"闭塞机停止使用"表示牌和"区间空闲"表示牌。

67. 请求使用S总辅助按钮改变闭塞方向的调度命令,并签收。

68. 进行改方操作:C站点击S总辅助按钮+S发辅助按钮;操作完毕通知标准站进行改方操作,标准站点击S总辅助按钮+S接辅助按钮。

69. 开启C站至标准站上行线区间占用逻辑检查功能。

操作方法:点击车务终端"管理功能",找到"列控区间占用逻辑检查"一栏进行点击,输入密码"123",找到所要开启的区间,再点击"区间逻辑检查开启",依次点击"开启验证"和"开启执行”，区间占用逻辑检查表示灯由红灯变为绿灯。

70. 登记《行车设备检查登记簿》：

(1)“因取消 G313 次 4 道发车进路使用 S 总人解按钮，使用后计数器号码由×号变为×号”。

车站值班员：张三。

(2)“因办理 G313 次改方操作使用 S 总辅助按钮，使用后计数器号码由×号变为×号”。

车站值班员：张三。

(3)“因办理 G313 次改方操作使用 S 发辅助按钮，使用后计数器号码由×号变为×号”。

车站值班员：张三。

(4)“因办理 C 站至标准站上行线改方操作使用 S 总辅助按钮，使用后计数器号码由×号变为×号”。

车站值班员：张三。

(5)“因办理 C 站至标准站上行线改方操作使用 S 接辅助按钮，使用后计数器号码由×号变为×号”。

车站值班员：张三。

(6)“因关闭 C 站至标准站上行线区间占用逻辑检查功能，启封使用区间占用逻辑检查按钮，使用后计数器号码由×号变为×号”。

车站值班员：张三。

(7)“因开启 C 站至标准站上行线区间占用逻辑检查功能，启封使用区间占用逻辑检查按钮，使用后计数器号码由×号变为×号”。

车站值班员：张三。

71. 通知电务计数器启封登记，车站值班员签认。

72. 下行线换轨施工完毕后恢复正方向行车。

十七、办理经由轨道电路分路不良区段接发车

【办理规则】

1. 预告：正常。

2. 准备进路：正常，确认信号显示正确后单锁分路不良区段内的道岔。

3. 行车凭证：列控车载设备显示的允许运行的速度值。

【重点提示】

1. 登记《行车设备检查登记簿》(故障登记)通知工务、电务部门检查分路不良区段空闲。

2. 点击“确认空闲按钮”。

【实例讲解】

G313 次Ⅰ道通过。

设置故障：电务部门已登记“7 号道岔区段分路不良”(7 号道岔左侧线路及右侧线路均分路不良)。

1. 核对列车运行计划后通知工务、电务人员检查分路不良区段空闲：

“李四(工务姓名)：G313 次Ⅰ道通过，检查确认 7 号道岔分路不良区段空闲。”

“王五(电务姓名)：G313 次Ⅰ道通过，检查确认 7 号道岔分路不良区段空闲。”

2. 登记《行车设备检查登记簿》(故障登记):

"G313 次Ⅰ道通过,检查确认 7 号道岔分路不良区段空闲"。

车站值班员:张三;

工务登记:李四;

电务登记:王五。

3. 工务、电务部门登记:"请求封锁站内 7 号道岔区段××km+××m 至××km+××m,邻线××km+××m 至××km+××m 限速 160 km/h 及以下。"

4. 车站值班员签认工务、电务登记。

5. 报告列车调度员:"工务、电务部门登记,请求封锁站内 7 号道岔区段××km+××m 至××km+××m,邻线××km+××m 至××km+××m 限速 160 km/h 及以下;标准站请求封锁站内 7 号道岔区段××km+××m 至××km+××m 的调度命令和邻线××km+××m至××km+××m 限速 160 km/h 及以下的调度命令。"

6. 签认本线封锁的调度命令,听取列车调度员邻线限速的调度命令已下达的口头指示。

7. 将本线封锁的调度命令交给工务、电务人员,并通知工务、电务人员邻线限速调度命令已下达。工务、电务人员上线检查设备。

8. 工务登记:

"G313 次Ⅰ道通过,经检查确认 7 号道岔分路不良区段空闲。"

工务:李四;

车站值班员签认:张三。

电务登记:

"G313 次Ⅰ道通过,经检查确认 7 号道岔分路不良区段空闲。"

电务:王五;

车站值班员签认:张三。

工务、电务均报告并报告人员已下线。

9. 车站值班员签认后报告列车调度员:"标准站请求开通站内 7 号道岔区段××km+××m至××km+××m 的调度命令和邻线××km+××m 至××km+××m 恢复正常行车的调度命令。"

10. 签收调度命令。

11. 确认分路不良区段空闲,点击"确认空闲按钮"。

12. 设置自触,口呼:"自触设置好。"

13. 单锁道岔:确认操作终端信号显示正确后,单锁 7 号道岔。

14. 解锁分路不良区段道岔:通过视频观察 G313 次全部出清分路不良区段后,单解 7 号道岔。

十八、列车退行至站内

【办理规则】

1. 准备进路:正常。

2. 行车凭证:正常开放信号,不能正常开放信号时开放引导信号,引导信号不能开放时列车凭调度命令进站。

【重点提示】

1. 确认退行列车至后方站间区间空闲。

2. 准许列车退行至站内的调度命令。

3. 按隔离模式控车的调度命令。

4. 因区间停有列车，区间逻辑检查功能不能够关闭，如出现列车占用丢失报警由标准站车站值班员进行人工解锁。

【实例讲解】

G314 次Ⅱ道通过。

1. 核对列车运行计划后设置自触，口呼："自触设置好。"

设置故障：G314 次进入标准站至 A 站上行线区间后，标准站接到 G314 次司机报告："洪水漫道不能继续运行，请求退行。"

2. 标准站车站值班员接到报告后询问 G314 次司机："G314 次司机报告停车时间、停车地点，是否影响邻线、是否常用制动、是否需要救援，G314 次速报？"[即：2 停（停车时间、停车地点）3 是否（是否影响邻线、是否常用制动、是否需要救援）]司机已告知的不再询问。

3. G314 次司机报告："停车时间 16:30、停车地点 25 km＋600 m，洪水漫道影响邻线、G314 次紧急制动、G314 次编成 16 辆、换长 46.8、总重 480 t、机车型号 CRH380A、机车号码 4056、京局京段、司机姓名：王五、随车机械师：京局京段赵六、列车乘务组京局京段"。

4. 车站值班员复诵并口呼："标准站明白。"

5. 通知邻站 A 站（A 站为中心控制，即列车调度员）："G314 次司机报告，因洪水漫道 G314 次紧急制动停车于标准站至 A 站上行线 25 km＋600 m、请求退行、停车时间 16:30、影响邻线、G314 次编成 16 辆、换长 46.8、总重 480 t、机车型号 CRH380A、机车号码 4056、京局京段、司机姓名：王五、随车机械师：京局京段赵六、列车乘务组京局京段，已呼叫下行线有关列车停车"，A 站（列车调度员）扣停站内列车；如下行线区间有列车立即呼叫有关列车停车。

6. 通知干部上岗："G314 次请求退行至站内请上岗。"

7. 报告安全生产调度指挥中心："G314 次请求退行至站内请盯控。"

8. 通知工务、电务、供电、通信部门："G314 次司机报告，因洪水漫道 G314 次紧急制动停车于标准站至 A 站上行线 25 km＋600 m，影响邻线，检查设备。"

9. 登记《行车设备检查登记簿》（故障登记）：

"因洪水漫道，G314 次紧急制动停于标准站至 A 站上行线 25 km＋600 m"。

车站值班员：张三。

10. 车站值班员确认 G314 次至标准站区间空闲，口呼："G314 次至标准站间区间空闲。"

11. 请求调度命令："标准站请求准许 G314 次退行至标准站站内的调度命令和 G314 次由列控车载设备控车转隔离模式控车的调度命令。"

12. 车机联控询问 G314 次："是否收到准许 G314 次退行至标准站站内的调度命令和 G314 次由列控车载设备控车转隔离模式控车的调度命令？"司机回复已收到（此命令由列车调度员转送给 G314 次司机）。

13. 确认 4 道空闲。

14. 人工准备进路：点击 XF 进站按钮＋4 道终端按钮（标准站至 A 站为信号机常态点灯的 CTCS-2 级区段，如果是 CTCS-3 级区段进站信号机及接车线末端出站信号机须点灯、灭灯）。

15. 确认 G314 次全部到达后呼叫:“G314 次停车。”

16. 报告列车调度员(A 站为中心控制):“G314 次×点×分退行至标准站。”

十九、列车晃车处置

【办理规则】

1. 进路:正常。

2. 行车凭证:列控车载设备显示的允许运行的速度值。

情景一:运行速度为 160 km/h 以下的列车晃车处置(标准站至 A 站间上下行线为 250 km/h 区段)

【实例讲解】

G316 次、G318 次已进入标准站至 A 站上行线区间,G320 次站内 4 道待开。

1. 办理 G320 次发车,核对列车运行计划设置自触,口呼:“自触设置好。”

设置故障:G316 次司机报告 38 km+500 m 处晃车。

2. 处理列车:已进入区间的后续列车喊停,未进入区间的列车扣停。

(1)接到 G316 次司机报告:“38 km+500 m 处晃车。”

车站值班员:“38 km+500 m 处晃车,标准站明白,G316 次司机报告晃车时的运行速度。”

G316 次司机:“G316 次晃车时的运行速度为 160 km/h。”

车站值班员:“标准站明白。”

(2)车站值班员立即呼叫 G318 次列车:“G318 次标准站呼叫 38 km+500 m 处晃车,立即停车。”并询问 G318 次是否常用制动停车。司机报告常用制动停车。

(3)呼叫 G320 次列车:“G320 次列车是否已启动?”得到列车未启动的报告后呼叫 G320 次司机:“G320 次标准站取消 4 道发车。”得到司机回复后取消 4 道发车进路;点击总人解按钮+4道发车始端按钮,取消“自触”。

3. 联系报告(要做到先处置后汇报):

(1)通知关系站 A 站(A 站为中心控制,即列车调度员):“G316 次司机报告,标准站至 A 站上行线 38 km+500 m 处晃车,已呼叫 G318 次立即停车,已取消 G320 次发车。”

(2)通知工务:“G316 次司机报告,标准站至 A 站上行线 38 km+500 m 处晃车,检查设备。”

(3)通知干部上岗盯控:“G316 次司机报告,标准站至 A 站上行线 38 km+500 m 处晃车,请上岗。”

(4)通知安全生产调度指挥中心:“G316 次司机报告,标准站至 A 站上行线 38 km+500 m 处晃车,请盯控。”

4. 工务部门登记:“请求封锁标准站至 A 站间上行线区间。”

5. 车站值班员签认工务登记。

6. 报告列车调度员:“工务部门登记,请求封锁标准站至 A 站间上行线区间,标准站请求封锁标准站至 A 站间上行线区间的调度命令。”

7. 签认封锁的调度命令。

8. 将封锁的调度命令交给工务人员,工务人员上线检查设备。

9. 工务检查后登记：

“标准站至 A 站间上行线 38 km＋500 m 检查完毕，前后 1 km 限速 80 km/h，A 站至标准站间下行线设备正常。”并报告人员已下线。

工务：李四；

车站值班员签认：张三。

10. 报告列车调度员：“工务登记，标准站至 A 站间上行线 38 km＋500 m 检查完毕，前后 1 km 限速 80 km/h，A 站至标准站间下行线设备正常；人员已下线，标准站请求开通标准站至 A 站间上行线区间的调度命令和标准站至 A 站间上行线 38 km＋500 m 前后 1 km 限速 80 km/h 的调度命令。”

11. 签收调度命令。

12. 列车调度员设置列控限速。

13. 呼叫 G318 次司机是否收到限速调度命令，司机回复已收到后通知 G318 次司机开车。

14. 呼叫 G318 次司机报告晃车地点运行情况，司机回复运行无异常。

15. 报告列车调度员：“G318 次司机报告通过晃车地点列车运行无异常。”

16. 呼叫 G320 次司机是否收到限速调度命令，司机回复已收到。

17. 设置人工触发开放 G320 次 4 道出站信号。

18. G320 次通过晃车地点后报告列车运行无异常。

19. 报告列车调度员：“G320 次司机报告通过晃车地点列车运行无异常。”

20. 登记《行车设备检查登记簿》(加封登记)：

“因取消 G320 次 4 道发车进路，使用总人解按钮，使用后计数器号码由×号变为×号”。

车站值班员：张三。

21. 通知电务计数器启封签认。

22. 其后按工务登记的行车条件办理后续列车行车。

情景二：运行速度为 160 km/h 以上的列车晃车处置(标准站至 C 站间上下行线为 350 km/h 区段)

【实例讲解】

G317 次、G319 次、G321 次已进入标准站至 C 站下行线区间，G323 次站内 3 道待开。

设置故障：标准站车站值班员接到 G317 次司机报告 25 km＋800 m 处晃车的报告。

1. 处理列车：

(1)接到 G317 次司机报告：“25 km＋800 m 处晃车。”

车站值班员：“25 km＋800 m 处晃车，标准站明白，G317 次司机报告晃车时的运行速度。”

G317 次司机：“G317 次晃车时的运行速度为 350 km/h。”

车站值班员：“标准站明白。”

(2)车站值班员立即报告列车调度员：“G317 次司机报告 25 km＋800 m 处晃车，G317 次列车晃车时运行速度为 350 km/h，标准站请求 G319 次限速 120 km/h 通过 25 km＋800 m 前后 1 km 的调度命令。”并报告列车调度员站内 G323 次暂不发车。

(3)列车调度员向 G319 次发布限速 120 km/h 通过 25 km＋800 m 前后 1 km 的调度命令。

(4)呼叫 G319 次司机是否收到限速调度命令(此命令由列车调度员向司机传送),司机回复已收到。

2. 联系报告(要做到先处置后汇报):

(1)通知关系站 C 站:"G317 次司机报告,标准站至 C 站下行线 25 km+800 m 处晃车。"

(2)通知工务:"G317 次司机报告,标准站至 C 站下行线 25 km+800 m 处晃车,准备检查设备。"

(3)通知干部上岗盯控:"G317 次司机报告,标准站至 C 站下行线 25 km+800 m 处晃车,请上岗。"

(4)通知安全生产调度指挥中心:"G317 次司机报告,标准站至 C 站下行线 25 km+800 m 处晃车,请盯控。"

3. 车站值班员接到 G319 次司机报告:"限速 120 km/h 通过 25 km+800 m 前后 1 km 列车运行无异常。"

4. 车站值班员报告列车调度员:"G319 次司机报告限速 120 km/h 通过 25 km+800 m 前后 1 km 列车运行无异常,标准站请求 G321 次限速 160 km/h 通过 25 km+800 m 前后 1 km 的调度命令。"列车调度员发布调度命令。

5. 呼叫 G321 次是否收到限速调度命令,司机回复已收到。

6. 车站值班员接到 G321 次司机报告:"限速 160 km/h 通过 25 km+800 m 前后 1 km 列车运行无异常。"

7. 车站值班员报告列车调度员:"G321 次司机报告限速 160 km/h 通过 25 km+800 m 前后 1 km 列车运行无异常,标准站请求 G323 次限速 250 km/h 通过 25 km+800 m 前后 1 km 的调度命令。"列车调度员发布调度命令。

8. 呼叫 G323 次司机是否收到限速调度命令,司机回复已收到。

9. 设置人工触发,办理 G323 次发车。

10. 车站值班员接到 G323 次司机报告:"限速 250 km/h 通过 25 km+800 m 晃车。"

11. 车站值班员不得再向区间放行后续列车。

12. 报告列车调度员:"G323 次司机报告限速 250 km/h 通过 25 km+800 m 处晃车。"

13. 通知工务上线检查。

14. 工务部门登记:"请求封锁标准站至 C 站下行线区间,邻线××km+××m 至××km+××m 限速 160 km/h 及以下。"

15. 车站值班员签认工务登记。

16. 报告列车调度员:"工务部门登记,请求封锁标准站至 C 站下行线区间,邻线××km+××m 至××km+××m 限速 160 km/h 及以下,标准站请求封锁标准站至 C 站下行线区间的调度命令和邻线××km+××m 至××km+××m 限速 160 km/h 及以下的调度命令。"

17. 签认封锁的调度命令。

18. 将封锁的调度命令交给工务人员,并告知邻线限速 160 km/h 及以下的调度命令已下达。工务人员上线检查设备。

19. 其后按照工务登记的行车限制条件放行列车。

二十、列车占用丢失处置

列车运行图解如图 4-2 所示。

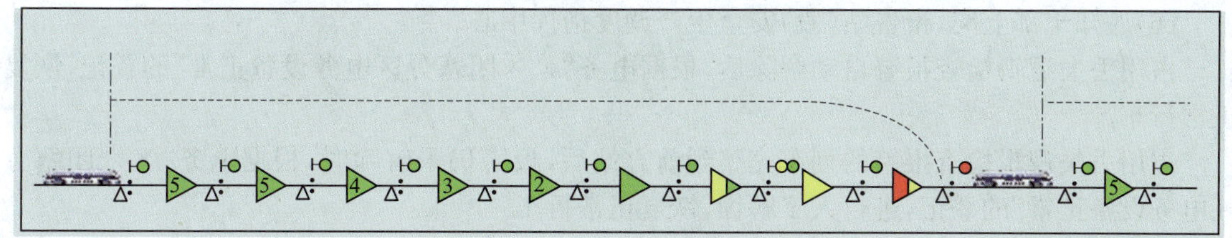

图 4-2　列车运行图解

1. 区间占用逻辑检查功能概述。

列控中心根据列车占用、出清闭塞分区的顺序关系及区间闭塞方向，对区间闭塞进行逻辑判定：

（1）占用丢失：当正常占用的闭塞分区轨道电路恢复空闲，而区间闭塞方向前方相邻闭塞分区轨道电路未被正常占用时，列控中心判定该闭塞分区为占用丢失，并对占用丢失的闭塞分区进行安全防护。该闭塞分区后方轨道电路发红黄码，防护信号机点亮红色灯光（常态灭灯区段除外）。同时，列控中心集中监测系统发送报警信息，列控中心维护终端显示闭塞分区逻辑状态和报警信息。

调度集中系统（以下简称 CTC）调度终端和车务终端对该闭塞分区按分路不良进行显示（闭塞分区两侧显示紫色光带闪烁），防护信号机显示红色灯光。

车站联锁终端若能显示该闭塞分区，则该闭塞分区显示红色光带。

（2）故障占用（非列车占用红光带）：当处于空闲的闭塞分区，轨道电路被占用（非列车占用红光带），而区间闭塞方向后方相邻闭塞分区未被正常占用过，列控中心判定该闭塞分区为故障占用，并对判定为故障占用的闭塞分区进行安全防护。该闭塞分区后方轨道电路发红黄码，防护信号机点亮红色灯光（常态灭灯区段除外）。同时，列控中心集中监测系统发送报警信息，列控中心维护终端显示闭塞分区逻辑状态和报警信息。

CTC 调度终端和车务终端对该闭塞分区显示红色闪烁光带，防护信号机显示红色灯光。

车站联锁终端若能显示该闭塞分区，则该闭塞分区显示红色光带。

2. 列车占用丢失现象：

（1）报警窗口语音提示："××次列车占用丢失。"点击"确认"可关闭报警。

（2）文字提示："××次列车占用丢失。"

（3）对应丢失车次号闪烁，直到点击报警窗口确认。

报警范围：当列车位于区间时向该区间两端的车务终端报警，当列车位于站内股道时只向本站车务终端报警提示。

3. 发生列车占用丢失处置办法：

（1）确认发生报警的区间和列车车次，同时确认系统对该闭塞分区实施自动防护信息（联锁机显示该闭塞分区红光带）。

（2）处理列车：通知已进入区间的后续列车立即停车，并不得再向该区间放行列车。

（3）联系占用丢失的列车司机，询问列车位置和现场情况。

（4）报告列车调度员。

（5）登记《行车设备检查登记簿》（故障登记），通知电务部门（占用丢失列车继续占用有关区间故障报警时，不通知设备单位检查）；联锁机显示该闭塞分区红光带时，不通知工务检查。

(6)通知干部上岗,报告站(段)安全生产调度指挥中心。

占用丢失逻辑检查报警自动解除后,根据电务"××闭塞分区电务设备正常"的登记,恢复正常行车。

占用丢失逻辑检查报警的列车完整到前方站后,报警仍未解除时,根据电务"××闭塞分区电务设备正常"的登记,进行人工解锁,恢复正常行车。

车务终端"工具"菜单选择"列控区间占用逻辑检查",输入密码"1234"弹出对话框。在弹出的对话框内点击"闭塞分区确认无车占用",在"闭塞分区"下拉框选择相应的闭塞分区,首先点击"无车验证",再点击"无车执行"按钮。或者在弹出的对话框内点击"区间逻辑状态总解锁",在"区间方向口"首先点击"总解锁验证",再点击"总解锁执行"按钮。以上步骤操作完毕,通知区间停车的后续列车开车。

存在故障时,根据设备单位登记的行车限制条件组织行车。

4.特别提示:

(1)发生占用丢失时,联锁终端上该闭塞分区出现的轨道电路红光带,不通知工务部门检查;对发生占用丢失的列车继续运行占用有关闭塞分区而出现的故障占用报警,列车调度员(车站值班员)不通知设备部门检查。

(2)遇区间施工(维修)、设备故障检查处理等情况,可根据需要关闭该区间占用逻辑检查功能。有关施工(维修)结束、设备故障检查处理结束、相关行车作业完毕且列车或车列已全部到达车站,必须及时启用区间占用逻辑检查功能。

(3)由于未关闭该区间占用逻辑检查功能,遇区间施工(维修)、设备故障、区间救援、反方向行车、列车区间退行(返回)、越出站界调车、引导接车、未开放列车信号发出列车等情况出现闭塞分区占用丢失逻辑检查报警时,由列车调度员(车站值班员)确认区间空闲后,通过CTC终端人工解锁,不通知电务部门检查。此时,由于列车或车列占用闭塞分区产生的故障报警,列车调度员(车站值班员)不通知设备部门检查。

(4)遇施工(维修)需停用列控中心区间占用逻辑检查功能时,应在施工(维修)计划中注明。

(5)列车调度员(车站值班员)关闭或开启列控中心区间占用逻辑检查功能时,须经调度所值班主任或高铁值班副主任(车站为值班干部或指定人员)同意后方可操作。

(6)区间发生逻辑检查报警时,列车调度员(车站值班员)不得进行改变该区间闭塞方向的操作。

(7)车站值班员关闭或开启区间占用逻辑检查功能时,需在《行车设备检查登记簿》内登记,并经值班干部或指定人员同意后方可操作。

注意:列控中心区间占用逻辑检查的防护功能不适用的情况。

(1)列车跨压闭塞分区,其尾部所在的分区占用丢失。

(2)列车在闭塞分区占用丢失,前方闭塞分区同时发生故障占用。

(3)列车断钩或分部运行,遗留车辆所在的闭塞分区处于占用丢失状态。

(4)列车在区间退行、折返、救援等非正常运行时。

(5)区间有列车占用,办理区间改方操作。

(6)列控中心上电启动时,列车所在闭塞分区恰好发生占用丢失或跨压两个及以上闭塞分区。

【实例讲解】

情景一：占用丢失故障自动消除，电务登记电务设备正常

设置故障：CTC信息显示并报警G2301次列车运行至标准站—C站区间下行线5129G处列车占用丢失，约1 min后自行恢复；后续G2303次列车已进入区间；此时站内G2305次3道即将启动；G2307次A站已开车，标准站Ⅰ道进站信号已开放。上行线列车运行正常。(标准站至C站间为CTCS-3级区段)

处置流程：

1. 确认发生报警的区间及列车车次，口呼："G2301次在标准站至C站下行线5129G处占用丢失。"

2. 处置列车：

(1)立即呼叫G2303次停车，"G2303次标准站呼叫，前行G2301次占用丢失，立即停车"；并询问G2303次是否常用制动，司机报告常用制动。

(2)取消G2305次发车，"G2305次标准站取消发车"，确认G2305次未启动后取消G2305次发车进路，点击总人解按钮+3道始端按钮；取消自动触发。

(3)呼叫G2307次："G2307次标准站Ⅰ道停车。"

3. 联系报告：

(1)联系G2301次司机询问列车位置和运行情况，"G2301次报告运行位置及运行情况"。G2301次司机报告："运行至31 km+800 m，列车运行无异常。"

(2)报告列车调度员："G2301次在5129G处占用丢失，列车运行无异常；已呼叫G2303次立即停车，已取消G2305次发车，已呼叫G2307次标准站Ⅰ道停车"。

(3)通知电务部门："李四(电务姓名)，G2301次在标准站至C站下行线5129G处占用丢失，检查设备。"

(4)通知干部上岗："G2301次在标准站至C站下行线5129G处占用丢失，请上岗。"

(5)报告安全生产调度指挥中心："G2301次在标准站至C站下行线5129G处占用丢失，请盯控。"

(6)登记《行车设备检查登记簿》(故障登记)：

"G2301次在标准站至C站下行线5129G处占用丢失"。

车站值班员：张三。

4. 电务部门登记：

"需要封锁标准站至C站下行线区间，邻线××km+××m至××km+××m限速160 km/h及以下。"

电务：李四；

车站值班员签认：张三。

5. 报告列车调度员："电务登记需要封锁标准站至C站下行线区间，邻线××km+××m至××km+××m限速160 km/h及以下；标准站请求封锁标准站至C站下行线区间的调度命令和邻线××km+××m至××km+××m限速160 km/h及以下的调度命令。"

6. 签认封锁的调度命令，将封锁的调度命令交给电务人员，并告知邻线限速调度命令已下

达。电务人员上线检查设备。

7.此时占用丢失故障自动消除。

8.电务部门检查后登记："5129G 电务设备正常。"并报告人员已下线。

电务：李四；

车站值班员签认：张三。

9.报告列车调度员："5129G 处列车占用丢失故障自行恢复，电务部门登记 5129G 电务设备正常；标准站请求开通标准站至 C 站下行线区间的调度命令和邻线××km+××m 至××km+××m 限速恢复正常行车的调度命令。"

10.签认开通调度命令，后续列车恢复正常行车。

11.呼叫 G2303 次列车："G2303 次开车。"

12.设置人工触发，办理 G2305 次 3 道发车。

13.登记《行车设备检查登记簿》(加封登记)：

"因取消 G2305 次发车，使用总人解按钮，使用后计数器号码由×号变为×号"。

车站值班员：张三。

14.通知电务计数器启封登记。

15.车站值班员签认。

情景二：占用丢失的列车已到达前方站占用丢失故障仍然存在，电务登记电务设备正常

设置故障：G2303 次运行至 5129G 再次出现列车占用丢失；此时站内 G2305 次 3 道即将启动。上行线列车运行正常。(标准站至 C 站间为 CTCS-3 级区段)

处置流程：

1.确认发生报警的区间及列车车次，口呼："G2303 次在标准站至 C 站下行线 5129G 处占用丢失。"

2.处置列车：

(1)取消 G2305 次发车，"G2305 次司机列车是否已启动?"得到 G2305 次司机列车未启动的报告后通知司机："G2305 次标准站取消发车。"并听取司机回复。

点击总人解按钮+3 道发车始端按钮，取消"自动触发"。

(2)呼叫 G2307 次："G2307 次标准站Ⅰ道停车。"

3.联系报告：

(1)联系 G2303 次司机询问列车位置和运行情况，"G2303 次报告运行位置及运行情况"，G2303 次司机报告："运行至 31 km+800 m，列车运行无异常。"

(2)报告列车调度员："G2303 次在 5129G 处占用丢失，列车运行无异常；已取消 G2305 次发车，已呼叫 G2307 次标准站Ⅰ道停车。"

(3)通知电务部门："李四(电务姓名)，G2303 次在标准站至 C 站下行线 5129G 处占用丢失，检查设备。"

(4)通知干部上岗："G2303 次在标准站至 C 站下行线 5129G 处占用丢失，请上岗。"

(5)报告安全生产调度指挥中心："G2303 次在标准站至 C 站下行线 5129G 处占用丢失，请盯控。"

(6)登记《行车设备检查登记簿》(故障登记):

“G2303 次在标准站至 C 站下行线 5129G 处占用丢失。”

车站值班员:张三。

4. 电务部门登记:

“需要封锁标准站至 C 站下行线区间,邻线××km+××m 至××km+××m 限速 160 km/h 及以下。”

电务:李四;

车站值班员签认:张三。

5. 报告列车调度员:“电务登记需要封锁标准站至 C 站下行线区间,邻线××km+××m 至××km+××m 限速 160 km/h 及以下;标准站请求封锁标准站至 C 站下行线区间的调度命令和邻线××km+××m 至××km+××m 限速 160 km/h 及以下的调度命令。”

6. 签认封锁的调度命令,将封锁的调度命令交给电务人员,并告知邻线限速调度命令已下达。电务人员上线检查设备。

7. 此时 G2303 次已到达 C 站,占用丢失故障仍然存在。

8. 电务部门检查后登记:“5129G 电务设备正常。”并报告人员已下线。

电务:李四;

车站值班员签认:张三。

9. 报告列车调度员:“5129G 处占用丢失故障仍然存在,电务部门登记 5129G 电务设备正常;标准站请求开通标准站至 C 站下行线区间的调度命令和邻线××km+××m 至××km+××m限速恢复正常行车的调度命令。”

10. 签认开通调度命令。

11. 进行人工解锁:

(1)车务终端“工具”菜单选择“列控区间占用逻辑检查”,输入密码“1234”弹出对话框,找到 5129G 区段。

(2)在弹出的对话框内点击“闭塞分区确认无车占用”,在“闭塞分区”下拉框选择相应的闭塞分区,首先点击“无车验证”,再点击“无车执行”按钮。浅紫色闪光光带消失,解锁完成。

12. 设置人工触发,办理 G2305 次 3 道发车。

13. 登记《行车设备检查登记簿》(加封登记):

(1)因取消 G2305 次发车,使用总人解按钮,使用后计数器号码由×号变为×号。

车站值班员:张三。

(2)因办理标准站至 C 站下行线逻辑检查功能人工解锁,使用列控区间占用逻辑检查按钮,使用后计数器号码由×号变为×号。

车站值班员:张三。

14. 通知电务计数器启封登记。

15. 车站值班员签认。

情景三:占用丢失的列车已到达前方站占用丢失故障仍然存在,电务登记设备故障

设置故障:G2305 次运行至 5129G 再次出现列车占用丢失;G2307 次标准站Ⅰ道通过进

路已完成自触。上行线列车运行正常。(标准站至C站间为CTCS-3级区段)

处置流程:

1. 确认发生报警的区间及列车车次,口呼:"G2305次在标准站至C站下行线5129G处占用丢失。"

2. 处置列车:

呼叫G2307次标准站Ⅰ道停车。取消G2307次发车,确认G2307次Ⅰ道停妥后取消G2307次发车进路,点击总人解按钮+Ⅰ道发车始端按钮;取消"自动触发"。

3. 联系报告:

(1)联系G2305次司机询问列车位置和运行情况,"G2305次报告运行位置及运行情况",G2305司机报告:"运行至31 km+800 m,列车运行无异常。"

(2)报告列车调度员:"G2305在5129G处占用丢失,列车运行无异常;已呼叫G2307次Ⅰ道停车。"

(3)通知电务部门:"李四(电务姓名),G2305次在标准站至C站下行线5129G处占用丢失,检查设备。"

(4)通知干部上岗:"G2305次在标准站至C站下行线5129G处占用丢失,请上岗。"

(5)报告安全生产调度指挥中心:"G2305次在标准站至C站下行线5129G处占用丢失,请盯控。"

(6)登记《行车设备检查登记簿》(故障登记):

"G2305次在标准站至C站下行线5129G处占用丢失。"

车站值班员:张三。

4. 电务部门登记:

"需要封锁标准站至C站下行线区间,邻线××km+××m至××km+××m限速160 km/h及以下。"

电务:李四;

车站值班员签认:张三。

5. 报告列车调度员:"电务登记需要封锁标准站至C站下行线区间,邻线××km+××m至××km+××m限速160 km/h及以下;标准站请求封锁标准站至C站下行线区间的调度命令和邻线××km+××m至××km+××m限速160 km/h及以下的调度命令。"

6. 签认封锁的调度命令,将封锁的调度命令交给电务人员,并告知邻线限速调度命令已下达。电务人员上线检查设备。

7. 此时G2305次已到达C站,占用丢失故障仍然存在。

8. 电务部门检查后登记:"标准站至C站下行线5129G区段占用丢失故障,暂时不能恢复,不影响接发列车;区间占用逻辑检查功能停用,标准站至C站下行线按站间区间掌握行车。"并报告人员已下线。

电务:李四;

车站值班员签认:张三。

9. 报告列车调度员:"电务登记标准站至C站下行线5129G区段占用丢失故障,暂时不能恢复,不影响接发列车,区间占用逻辑检查功能停用,标准站至C站下行线按站间区间掌握行车;标准站请求开通标准站至C站下行线区间的调度命令和邻线××km+××m至××km+

××m 限速恢复正常行车的调度命令。”

10. 签认开通调度命令。

11. 询问工务人员故障地段起止里程：“工务报告标准站至 C 站下行线 5129G 区段起止里程。”工务报告“故障地段起止里程为××km+××m 至××km+××m。”

12. 通过《电子行车日志》确认区间空闲，口呼：“标准站至 C 站间下行线区间空闲。”

13. 设置人工触发，办理 G2307 次Ⅰ道发车。

14. 车机联控：“G2307 次标准站至 C 站下行线××km+××m 至××km+××m 电务设备故障，注意运行。”

15. G2307 次到达 C 站，电务登记：

“标准站至 C 站下行线××km+××m 至××km+××m 电务设备恢复正常。”

电务：李四；

车站值班员签认：张三。

16. 报告列车调度员：“电务登记，标准站至 C 站下行线××km+××m 至××km+××m 电务设备恢复正常。”

17. 开启标准站至 C 站下行区间占用逻辑检查功能。

车务终端“工具”菜单选择“列控区间占用逻辑检查”，输入密码“1234”弹出对话框，找到所要开启的区间。

(1)点击“逻辑检查功能开启”；

(2)点击“开启验证”；

(3)点击“开启执行”。

18. 登记《行车设备检查登记簿》(加封登记)：

(1)因取消 G2307 次发车，使用总人解按钮，使用后计数器号码由×号变为×号。

车站值班员：张三。

(2)因开启标准站至 C 站下行线区间占用逻辑检查功能，使用区间占用逻辑检查按钮，使用后计数器号码由×号变为×号。

车站值班员：张三。

19. 通知电务计数器启封登记。

20. 车站值班员签认。

二十一、接触网挂异物处置

【办理规则】

1. 列车调度员(车站值班员)接到接触网挂有异物的报告后，及时通知供电部门检查处理，在《行车设备检查登记簿》内登记，车站值班员报告列车调度员。列车调度员转报供电调度员。

2. 本线挂有异物处置：

(1)如异物情况不影响行车，司机按正常行车方式通过。

(2)本线降弓可以通过时，司机按降弓方式通过该地点，列车调度员向该线后续列车发布限速 160 km/h 降弓通过故障地点的调度命令(不设置列控限速)，限速降弓位置原则上按司机汇报故障地点前后各 2 km 确定。

(3)不能降弓通过时司机应立即停车并报告，列车调度员(车站值班员)应立即通知本线后续列车停车,不得再向该区间放行列车。

3. 邻线挂有异物处置:

(1)如司机汇报邻线异物可降弓通过或异物情况不影响行车,邻线按第2条第(1)项规定执行。

(2)如司机汇报邻线异物不能降弓通过,列车调度员(车站值班员)应立即通知邻线尚未经过该地点的列车停车,不得再向邻线该区间放行列车。

(3)如司机汇报不能确定异物是否影响邻线行车,列车调度员应立即向邻线尚未经过该地点的首列列车司机发布口头指示限速80 km/h注意运行,限速位置原则上按司机汇报故障地点前后各2 km确定。司机应注意观察接触网设备状态。根据该司机确认情况,后续处理按第3条第(1)、(2)、(3)项规定执行。

4. 供电调度员接到报告后,应立即组织供电人员登乘本线或邻线列车巡视检查设备并处理。供电人员根据需要及时向列车调度员提出利用动车组列车运送人员处理故障的申请,列车调度员应及时安排。

供电部门检查处理后,列车调度员按供电部门登记的行车限制条件组织行车。故障处理完毕后,列车调度员根据供电部门在《行车设备检查登记簿》内的销记,恢复正常行车组织。

【实例讲解】

列车运行计划:

G301次、G303次已进入标准站至C站下行线区间,站内G305次3道待开;G302次C站已开车。

情景一:本线挂有异物可以正常通过,邻线挂有异物司机不能判断是否影响行车

设置故障:

标准站接到G301次司机报告:"标准站至C站下行线26 km+700 m接触网挂有小塑料袋可以正常通过,上行线26 km+800 m处接触网挂有塑料布不能判定是否影响行车。"

处置办法:

1. 报告列车调度员:"G301次司机报告,标准站至C站下行线26 km+700 m接触网挂有塑料袋可以正常通过,上行线26 km+800 m处接触网挂有塑料布不能判定是否影响行车";"标准站请求G302次限速80 km/h通过26 km+800 m前后2 km的口头指示"。

2. 听取列车调度员口头指示。

3. 车机联控:

(1)G303次标准站呼叫,G301次司机报告26 km+700 m接触网挂有异物不影响行车,注意观察。

(2)G302次标准站呼叫,26 km+800 m处接触网挂有异物,列车调度员指示限速80 km/h通过26 km+800 m前后2 km,并听取司机回示。

4. 通知干部上岗:"G301次司机报告,标准站至C站下行线26 km+700 m接触网挂有小塑料袋可以正常通过,上行线26 km+800 m处接触网挂有塑料布不能判定是否影响行车,请上岗盯控。"

5. 通知安全生产调度指挥中心:"G301次司机报告,标准站至C站下行线26 km+700 m接触网挂有小塑料袋可以正常通过,上行线26 km+800 m处接触网挂有塑料布不能判定是

否影响行车，请盯控。”

6. 通知供电部门：“××(供电姓名)，标准站至 C 站下行线 26 km＋700 m 接触网挂有小塑料袋可以正常通过，上行线 26 km＋800 m 处接触网挂有塑料布不能判定是否影响行车，准备检查设备。”

7. 登记《行车设备检查登记簿》：

“标准站至 C 站下行线 26 km＋700 m 接触网挂有小塑料袋，上行线 26 km＋800 m 处接触网挂有塑料布。”

车站值班员：张三。

8. 设置自触，口呼：“自触设置好。”发 3 道 G305 次。

9. 听取 G302 次司机报告：“G302 次司机报告，26 km＋800 m 接触网挂有异物，不能降弓通过，已在 26 km＋500 m 处停车。”

10. 如果 G302 次后续区间有列车，立即呼叫后续列车停车。

11. 通知 C 站：“G302 次司机报告，C 站至标准站上行线 26 km＋800 m 接触网挂有异物，不能降弓通过。”C 站不得再向区间发出列车。

12. 报告列车调度员：“G302 次司机报告，C 站至标准站上行线 26 km＋800 m 接触网挂有异物，不能降弓通过，已在 26 km＋500 m 处停车，已呼叫后续××次列车停车，已通知 C 站。”

13. 通知供电人员上线处理上行线接触网异物。

14. 供电登记：“需要封锁 C 站至标准站上行线区间，邻线××km＋××m 至××km＋××m限速 160 km/h 及以下。”

15. 报告列车调度员：“供电登记，需要封锁 C 站至标准站上行线区间，邻线××km＋××m 至××km＋××m 限速 160 km/h 及以下；标准站请求封锁 C 站至标准站上行线区间的调度命令和邻线××km＋××m 至××km＋××m 限速 160 km/h 及以下的调度命令。”

16. 签认本线封锁的调度命令。

17. 将本线封锁的调度命令交给供电人员，并告知邻线限速调度命令已下达。

18. 供电人员提出需要利用动车组列车运送人员处理故障的申请。

19. 车站值班员报告列车调度员。

20. 列车调度员发布调度命令准许供电人员随乘 G305 次列车，处理上行线 26 km＋800 m 接触网异物。

21. 车机联控：“G305 次标准站呼叫，G305 次取消发车。”并听取司机回示。

22. 供电人员根据调度命令随乘 G305 次列车处理上行线 26 km＋800 m 接触网异物。

23. 待供电人员登乘 G305 次列车后，组织 G305 次发车。

24. 其后上行线按供电部门登记行车。

情景二：本线挂有异物可以降弓通过

设置故障：

标准站接到 G303 次司机报告：“标准站至 C 站下行线 26 km＋700 m 接触网挂有塑料袋可以降弓通过。”

处置办法：

1. 通知干部盯控：“G303 次司机报告，标准站至 C 站下行线 26 km＋700 m 接触网挂有塑料袋可以降弓通过，请盯控。”

2. 报告列车调度员：“G303 次司机报告，标准站至 C 站下行线 26 km＋700 m 接触网挂有塑料袋可以降弓通过；标准站请求 G305 次限速 160 km/h 降弓通过 26 km＋700 m 前后 2 km 的调度命令。”

3. 签收调度命令。

4. 车机联控：

G305 次标准站呼叫，调度命令××号，26 km＋700 m 处接触网挂有异物，限速 160 km/h 降弓通过 26 km＋700 m 前后 2 km，并听取司机回示。

5. 通知安全生产调度指挥中心：“G303 次司机报告，标准站至 C 站下行线 26 km＋700 m 接触网挂有塑料袋可以降弓通过，请盯控。”

情景三：本线挂有异物不能降弓通过

设置故障：

标准站接到 G305 次司机报告：“标准站至 C 站下行线 26 km＋700 m 接触网挂有塑料袋不能降弓通过。”

处置办法：

1. 立即处置后续列车，如果 G305 次区间有后续列车立即呼叫后续列车停车，并不得再向区间放行列车。

2. 通知干部盯控：“G305 次司机报告，标准站至 C 站下行线 26 km＋700 m 接触网挂有塑料袋不能降弓通过，请盯控。”

3. 报告列车调度员：“G305 次司机报告，标准站至 C 站下行线 26 km＋700 m 接触网挂有塑料袋不能降弓通过，已呼叫后续××次列车立即停车。”

4. 通知安全生产调度指挥中心：“G305 次司机报告，标准站至 C 站下行线 26 km＋700 m 接触网挂有塑料袋不能降弓通过，请盯控。”

5. 通知供电部门上线处理异物。

6. 供电登记：“需要封锁标准站至 C 站下行线区间。”（上行线供电人员正在处理异物。）

7. 报告列车调度员：“供电登记，需要封锁标准站至 C 站下行线区间；标准站请求封锁标准站至 C 站下行线区间的调度命令。”

8. 签认本线封锁的调度命令。

9. 将本线封锁的调度命令交给供电人员。

10. 供电人员上线处理异物。

11. 其后下行线按供电部门登记行车。

情景四：本线司机发现邻线挂有异物可以正常通过或者可以降弓通过

本线司机发现邻线挂有异物可以正常通过或者可以降弓通过时，比照本线挂有异物可以正常通过或可以降弓通过办理。

二十二、受电弓挂有异物处置

【办理规则】

1. 列车运行途中，司机接到受电弓挂有异物通知时，应立即降弓、停车，向列车调度员（车站值班员）报告，车站值班员报告列车调度员。需下车检查或登顶作业时，司机（动车组列车为随车机械师通过司机）及时向列车调度员提出请求。

2. 列车调度员（车站值班员）得到报告后，应立即通知区间内后续列车停车，不得再向该区间放行列车。

3. 列车调度员根据下车检查或登顶作业的请求，发布邻线列车限速 160 km/h 及以下调度命令；需登顶作业时，列车调度员还应通知该供电臂内的列车停车并降弓，与供电调度员办理接触网停电手续，得到供电调度员接触网已停电的通知后，发布准许登顶作业的调度命令。

4. 司机在接到邻线列车限速 160 km/h 及以下调度命令已发布的口头指示后，下车检查（动车组列车为司机通知随车机械师下车检查）。司机根据准许登顶作业的调度命令和邻线列车限速 160 km/h 及以下调度命令已发布的口头指示登顶作业（动车组列车为司机通知随车机械师登顶作业）。

5. 异物处理完毕后，司机应报告列车调度员，列车调度员与供电调度员办理接触网送电手续，通知该停电供电臂内的列车升起受电弓，取消邻线限速，恢复正常行车。需限速运行时，司机（动车组列车根据随车机械师的通知）限速运行。

6. 司机（动车组列车为随车机械师）现场检查发现受电弓滑板及托架有损伤或接触网有异状时，应及时报告列车调度员。

（1）列车调度员扣停后续列车。

（2）通知供电部门对接触网设备进行检查处理，根据供电部门在《行车设备检查登记簿》内登记的行车限制条件组织行车。

【实例讲解】

列车运行计划 G302 次、G304 次已进入区间，G306 次标准站 4 道待开。

1. 办理 G306 次发车，设置自触，口呼："自触设置好。"

设置故障：G302 次司机通过受电弓视频监控装置发现 G302 次受电弓挂有塑料布。

2. G302 次司机立即停车并降弓。

3. G302 次司机报告车站值班员："G302 次受电弓挂有塑料布，降弓停车于 32 km＋500 m 处，随车机械师需要登顶处理异物、检查设备。"

4. 车站值班员立即呼叫 G304 次司机："G304 次标准站呼叫，G304 次立即停车。"

5. 取消 G306 次发车：点击总人解按钮＋4 道发车始端按钮。

6. 取消自触。

7. 通知干部上岗："G302 次司机报告，受电弓挂有塑料布，降弓停车于 32 km＋500 m 处，需要登顶处理异物、检查设备，请上岗盯控。"

8. 通知安全生产调度指挥中心："G302 次司机报告，受电弓挂有塑料布，降弓停车于 32 km＋500 m 处，需要登顶处理异物，请盯控。"

9. 报告列车调度员："G302 次司机报告，受电弓挂有塑料布，降弓停车于 32 km＋500 m 处，随车机械师需要登顶处理异物、检查设备，已呼叫 G304 次立即停车，已取消 G306 次发车；

标准站请求准许 G302 次随车机械师登顶作业的调度命令和邻线××km+××m 至××km+××m 限速 160 km/h 及以下的调度命令。”

10. 列车调度员与供电调度员办理停电手续后，得到供电调度员接触网已停电的通知后，列车调度员发布准许 G302 次随车机械师登顶作业的调度命令和邻线××km+××m 至××km+××m 限速 160 km/h 以下的调度命令。

11. 询问 G302 次司机是否收到准许登顶作业的调度命令和邻线列车限速 160 km/h 及以下调度命令已发布的口头指示，司机回复已收到。

12. G302 次随车机械师登顶处理异物、检查设备。

13. 车站值班员接到 G302 次司机报告：“异物处理完毕，设备无异常，可以正常行车。”

14. 车站值班员报告列车调度员：“G302 次司机报告异物处理完毕，设备无异常，可以正常行车。”“标准站请求邻线××km+××m 至××km+××m 恢复正常行车的调度命令。”

15. 列车调度员发布邻线恢复正常行车的调度命令。

16. 列车调度员与供电调度员办理恢复供电手续，列车调度员得到供电调度员接触网已恢复供电的通知后通知 G302 次升弓开车；通知 G304 次开车。

17. 车站值班员得到列车调度员准许 G306 次发车的通知后，设置人工触发办理 G306 次发车。

18. 如果 G302 次随车机械师现场检查发现受电弓滑板及托架有损伤或接触网有异状时，应及时报告列车调度员。

(1)列车调度员扣停后续列车。

(2)通知供电部门对接触网设备进行检查处理，根据供电部门在《行车设备检查登记簿》内登记的行车限制条件组织行车。

二十三、向封锁区间开行救援列车

【办理规则】

1. 闭塞：不办理行车闭塞手续。

2. 准备进路：排列调车进路或单操单锁，如利用动车组尾部救援动车组（可以理解为动车组正方向救援动车组）必须排列列车进路。

3. 进入封锁区间的许可：列车调度员发布的准许进入封锁区间救援的调度命令。

4. 使用电力机车（动车组列车）担当救援时，担当救援的机车应通知被救援的列车机车断电并降弓。

5. 连挂前，司机须与列车调度员联系，在得到列车调度员已发布邻线限速 160 km/h 及其以下的调度命令（妨碍邻线及组织旅客疏散时为已扣停邻线列车）的口头通知后，方可开始作业。

6. 使用机车救援动车组时，被救援动车组列控车载设备转入或退出隔离模式不发布调度命令。

7. CTCS-3 级区段使用机车、救援列车救援动车组以及动车组头部救援动车组有关信号机要点灯、灭灯。

8. 因区间停有列车，区间逻辑检查功能不能够关闭，如出现列车占用丢失报警由标准站车站值班员进行人工解锁。

情景一:使用机车、救援列车救援动车组

【实例讲解】

G301 次已进入标准站至 C 站区间,站内 3 道停有 5605 号调车机车一台。

设置故障:车站值班员接到 G301 次司机报告:"因机车故障 G301 次在 22 km+600 m 处停车,不能继续运行。"

1. 车站值班员询问 G301 次司机:"停车时间、停车地点,是否需要救援,是否影响邻线、是否常用制动?"并向 G301 次司机索要速报(即:2 停 3 是否,司机已经报告的不用再询问)。

G301 次司机报告:"G301 次 13:25 常用制动停车,不影响邻线、需要救援,G301 次编成 16 辆,换长 38.6、总重 4 400 t,机车型号为 CRH380A,机车号码 2502,司机姓名:京局京段王五,随车机械师:京局京段赵六,列车乘务组:京局京段。"

2. 通知干部上岗:"G301 次因机车故障在标准站至 C 站下行线 22 km+600 m 处常用制动停车,需要救援,请上岗。"

3. 通知安全生产调度指挥中心:"G301 次因机车故障在标准站至 C 站下行线 22 km+600 m 处常用制动停车,需要救援,请盯控。"

4. 通知 C 站:"G301 次因机车故障在标准站至 C 站下行线 22 km+600 m 处常用制动停车,需要救援,不影响邻线。"

5. 报告列车调度员:"G301 次因机车故障在标准站至 C 站下行线 22 km+600 m 处常用制动停车,停车时间 13:25、不影响邻线、需要救援,G301 次编成 16 辆,换长 38.6、总重 4 400 t,机车型号为 CRH380A,机车号码 2502,司机姓名:京局京段王五,随车机械师:京局京段赵六,列车乘务组:京局京段。""是否利用站内 3 道 5605 调车机车组织救援?"列车调度员同意利用 3 道 5605 调车机车担当救援。

6. 通过《电子行车日志》确认 G301 次至标准站间下行线区间空闲,口呼:"G301 次至标准站间下行线区间空闲。"

7. 请求封锁区间开行救援列车的调度命令:"标准站请求封锁标准站至 C 站下行线区间开行救援列车的调度命令。"

8. 列车调度员发布调度命令:"调度命令 13001 号,自接令时起标准站至 C 站下行线区间封锁;准许标准站利用 3 道 5605 号机车进入标准站至 C 站下行线 22 km+100 m 处(救援端里程)进行救援,开行车次 58101 次,返回车次 58102 次,将 G301 次拉回至标准站 3 道。"

9. 与列车调度员核对 13001 号调度命令,与值班干部核对 13001 号调度命令;与 C 站核对 13001 号调度命令,车站值班员签字。

10. 揭挂"封锁区间"表示牌。

11. 通知 5605 号调车机车:"5605 号调车机车开 58101 次准备担当救援。"

12. 通知 G301 次列车:"G301 次标准站开行 58101 次救援列车,做好防护工作。"

13. 出站信号机点灯:点灯按钮+X_3 出站按钮(标准站至 C 站为 CTCS-3 级区段)。

14. 准备进路:将进路上的道岔单操至所需位置后单锁(有调车信号的车站正排或反排调车进路)。

15. 13001 号调度命令加盖标准站站名印。

16. 将 13001 号调度命令交给胜任人员并通知其发车:"胜任人员发 3 道 58101 次。"

17. 通知干部随乘："干部随乘 58101 次组织救援。"

18. 胜任人员与 G301 次司机核对 13001 号调度命令后向车站值班员报告："已将 13001 号调度命令交给 58101 次司机，58101 次具备发车条件。"

19. 车机联控："58101 次 3 道发车进路好了，58101 次司机标准站 3 道发车。"

20. 向 C 站报点："58101 次×点×分开。"

21. 向列车调度员报点："58101 次×点×分开。"

22. 确认列车出站后信号机灭灯：灭灯按钮＋X_3 出站按钮。

23. 接到 G301 次司机报告："随车机械师需要下车进行连挂作业。"

24. 车站值班员报告列车调度员："G301 次司机报告，随车机械师需要下车进行连挂作业；标准站请求邻线××km＋××m 至××km＋××m 限速 160 km/h 及以下的调度命令。"

25. 接列车调度员邻线限速调度命令已下达的口头通知后，转报 G301 次司机："邻线限速调度命令已下达，可以下车进行连挂作业。"

26. 接到 G301 次司机报告："58101 次连挂妥当，具备开车条件。"

27. 报告列车调度员："58101 次连挂妥当，具备开车条件；请求邻线××km＋××m 至××km＋××m 恢复正常行车调度命令。"

28. 列车调度员下达邻线恢复正常行车的调度命令。

救援列车的返回：

29. 点灯：点灯按钮＋SF 进站按钮。

30. 排列接车进路，开放进站信号：车站值班员得到 58102 次司机报告具备开车条件后，人工排列 58102 次 3 道接车进路，开放信号。

31. 车机联控："58102 次标准站 3 道停车。"

32. 确认 58102 次到达，向 C 站报点："58102 次×点×分到。"

33. 向列车调度员报点："58102 次×点×分到。"

34. 请求开通封锁区间的调度命令："标准站请求开通标准站至 C 站下行线区间的调度命令。"

35. 列车调度员发布调度命令："调度命令 13003 号，自接令时起标准站至 C 站下行线区间开通。"

36. 签收 13003 号调度命令，与 C 站核对 13003 号调度命令。

37. 摘下"封锁区间"表示牌。

38. 灭灯：灭灯按钮＋SF 进站按钮。

39. 登记《行车设备检查登记簿》(加封登记)：

(1)"因办理 X_3 出站信号机灭灯，使用灭灯按钮，使用后计数器号码由×号变为×号"。

车站值班员：张三。

(2)因办理 SF 进站信号机灭灯，使用灭灯按钮，使用后计数器号码由×号变为×号。

车站值班员：张三。

40. 通知电务人员计数器启封登记，车站值班员签认。

情景二：动车组头部救援动车组

1. 动车组头部救援动车组比照单机或救援列车救援动车组办理(可以理解为动车组反方

向救援动车组);不同之处在于要先准备进路;进路准备妥当后再请求封锁区间开行救援列车的调度命令。[作为行车凭证的调度命令,在接发列车进路准备妥当后,方可向司机发布(转达)。(《技规》第 271 条第 2 款)]

2. 出站信号机点灯,灭灯。

情景三:动车组尾部救援动车组(可以理解为动车组正方向救援动车组)

【实例讲解】

G301 次已进入标准站至 C 站区间,站内 3 道停有 0G303 次。

注:如果利用乘坐旅客的动车组进行救援,要组织好旅客乘降工作,做到同台换乘。

设置故障:

车站值班员接到 G301 次司机报告:"因机车故障 G301 次在 22 km+600 m 处停车,不能继续运行。"

1. 车站值班员询问 G301 次司机:"停车时间、停车地点,是否需要救援、是否影响邻线、是否常用制动?"并向 G301 次司机索要速报。(即 2 停 3 是否,司机已经报告的不用再问。)

G301 次司机报告:"G301 次 13:25 常用制动停车,不影响邻线、需要救援,G301 次编成 16 辆,换长 38.6、总重 4 400 t,机车型号为 CRH380A,机车号码 2502,司机姓名:京局京段王五,随车机械师:京局京段赵六,列车乘务组:京局京段。"

2. 通知干部上岗:"G301 次因机车故障在标准站至 C 站下行线 22 km+600 m 处常用制动停车,需要救援,请上岗。"

3. 通知安全生产调度指挥中心:"G301 次因机车故障在标准站至 C 站下行线 22 km+600 m 处常用制动停车,需要救援,请盯控。"

4. 通知 C 站:"G301 次因机车故障在标准站至 C 站下行线 22 km+600 m 处常用制动停车,需要救援,不影响邻线。"

5. 报告列车调度员:"G301 次因机车故障在标准站至 C 站下行线 22 km+600 m 处常用制动停车,停车时间 13:25、不影响邻线、需要救援,G301 次编成 16 辆,换长 38.6、总重 4 400 t,机车型号为 CRH380A,机车号码 2502,司机姓名:京局京段王五,随车机械师:京局京段赵六,列车乘务组:京局京段;是否利用站内 0G303 次组织救援?"列车调度员同意利用 0G303 次担当救援。

6. 通过《电子行车日志》确认 G301 次至标准站间区间空闲,口呼:"G301 次至标准站间区间空闲。"

7. 准备进路:人工排列 3 道发车进路。

8. 进路准备妥当后报告列车调度员:"3 道发车进路好了,标准站请求封锁标准站至 C 站间下行线区间开行救援列车的调度命令。"

9. 列车调度员发布调度命令:"调度命令 82001 号,自接令时起标准站至 C 站下行线区间封锁,准许标准站利用站内 0G303 次进入标准站至 C 站下行线区间 22 km+100 m 处担当救援(救援端里程),开行车次 58001 次,返回车次 58002 次,将 G301 次拉回至标准站。"

10. 与列车调度员核对 82001 号调度命令,与值班干部核对 82001 号调度命令无误后签字,与 C 站核对 82001 号调度命令。

11. 揭挂“封锁区间”表示牌。

12. 通知 0G303 次司机:“0G303 次准备开 58001 次担当救援,做好准备工作。”

13. 通知 G301 次列车:“G301 次,标准站开 58001 次救援列车,做好防护工作。”

14. 利用调度命令无线传送系统将 82001 号调度命令出送给 0G303 次司机,并确认签收。

15. 通知干部随乘:“干部随乘 58001 次组织救援。”

16. 确认干部登乘 58001 次后车机联控:“58001 次 3 道发车进路好了,58001 次司机标准站 3 道发车。”

17. 向 C 站报点:“58001 次×点×分开。”

18. 向列车调度员报点:“58001 次×点×分开。”

19. 车站值班员接到 58001 次司机报告:“随车机械师需要下车进行连挂作业。”

20. 车站值班员报告列车调度员:“G301 次司机报告,随车机械师需要下车进行连挂作业;标准站请求邻线××km+××m 至××km+××m 限速 160 km/h 及以下的调度命令。”

21. 接到列车调度员邻线限速调度命令已下达的口头通知后,通知 G301 次司机:“邻线限速调度命令已下达,可以下车进行连挂作业。”

22. 接到 G301 次司机报告:“58001 次连挂妥当,具备开车条件。”

23. 报告列车调度员:“58001 次连挂妥当,具备开车条件,请求邻线××km+××m 至××km+××m 恢复正常行车调度命令。”

24. 列车调度员下达邻线恢复正常行车的调度命令。

救援列车的返回:

25. 点灯:点灯按钮+SF 进站按钮。

26. 排列接车进路,开放进站信号:人工排列 58002 次 3 道接车进路。

27. 车机联控:“58002 次标准站 3 道停车。”

28. 确认 58002 次前部入 3 道停妥。

29. 确认标准站至 A 站间上行第一闭塞分区空闲口呼:“上行第一闭塞分区空闲。”

30. 向列车调度员请求:“准许 58002 次越出站界调车的调度命令。”

31. 签收调度命令后使用调度命令无线传送系统将准许 58002 次越出站界调车的调度命令传送给 58002 次司机,并确认司机签收。

32. 人工排列 3 道列车进路后车机联控:“58002 次 3 道调车进路好了。”将 58002 次后半部拉进 3 道。

33. 确认 58002 次尾部全部进入警冲标后车机联控:“58002 次停车,58002 次司机摘开后部 G301 次。”得到司机摘车作业完毕的通知后通知司机:“58002 次司机开车。”

34. 列车整列到达后自动灭灯。

35. 确认 58002 次前列动车组尾部越过 XF 进站信号机后车机联控:“58002 次停车,58002 次换端操作完毕后与标准站联系。”

36. 得到 58002 次司机换端操作完毕的通知后,排列Ⅰ道接车进路。

37. 车机联控:“58002 次 3 道调车进路好了。”

38. 确认 58002 次Ⅰ道停妥后向 C 站报点:“58002 次×点×分到。”

39. 向列车调度员报点:“58002 次×点×分到,标准站请求开通标准站至 C 站下行线区间的调度命令。”

40. 列车调度员发布调度命令:"调度命令 82002 号,自接令时起标准站至 C 站下行线区间开通。"

41. 签收 82002 号调度命令,与 C 站核对 82002 号调度命令。

42. 摘下"封锁区间"表示牌。

43. 登记《行车设备检查登记簿》(加封登记):

(1)"因关闭标准站至 C 站下行线区间占用逻辑检查功能,启封使用区间占用逻辑检查按钮,使用后计数器号码由×号变为×号"。

车站值班员:张三。

(2)"因开启标准站至 C 站下行线区间占用逻辑检查功能,启封使用区间占用逻辑检查按钮,使用后计数器号码由×号变为×号"。

车站值班员:张三。

44. 通知电务人员计数器启封登记,车站值班员签认。

二十四、向封锁区间开行路用列车

【办理规则】

1. 准备进路:人工排列列车进路,车站值班员必须向司机传达清楚(开放的列车信号只起锁闭进路作用,不作为行车凭证)。

2. 进入封锁区间的许可:列车调度员发布的调度命令。

3. 关闭区间占用逻辑检查功能,路用列车返回后及时开启区间占用逻辑检查功能。

4. 向 CTCS-3 区段封锁区间开行路用列车时,出站、进站信号机要点灯、灭灯。

【实例讲解】

工务登记:"需要封锁标准站至 C 站下行线区间,3 道轨道车进入下行线区间在 22 km+600 m至 22 km+900 m 处进行 40 min 的换轨抢修施工。"

1. 车站值班员签认工务登记。

2. 通知干部上岗:"工务登记需要封锁标准站至 C 站间下行线区间,3 道轨道车进入下行线区间在 22 km+600 m 至 22 km+900 m 处进行 40 min 的换轨抢修施工,请上岗。"

3. 通知安全生产调度指挥中心:"工务登记需要封锁标准站至 C 站间下行线区间,3 道轨道车进入下行线区间在 22 km+600 m 至 22 km+900 m 处进行 40 min 的换轨抢修施工,请盯控。"

4. 报告列车调度员:"工务登记需要封锁标准站至 C 站下行线区间,3 道轨道车进入下行线区间在 22 km+600 m 至 22 km+900 m 处进行 40 min 的换轨抢修施工;标准站请求封锁标准站至 C 站下行线区间开行路用列车的调度命令。"

5. 列车调度员发布调度命令:"调度命令 13001 号,自接令时起标准站至 C 站下行线区间封锁,准许工务利用 3 道轨道车进入下行线区间 22 km+600 m 至 22 km+900 m 处进行 40 min 的换轨抢修施工作业,开行车次 57101 次,返回车次 57102 次。"

6. 与列车调度员核对 13001 号调度命令,与值班干部核对 13001 号调度命令无误后签收;与 C 站核对 13001 号调度命令。

7. 揭挂"封锁区间"表示牌。

8. 车站值班员提示列车调度员口头通知邻线会车范围内的动车组列车限速 160 km/h 及

以下运行。

9. 关闭标准站至 C 站下行线区间占用逻辑检查功能，经值班干部同意后关闭区间占用逻辑检查功能。

10. X_3 出站信号机点灯：点灯按钮＋X_3 出站按钮。

11. 排列进路：人工排列 3 道 57101 次发车进路。

12. 车站值班员呼叫 3 道轨道车司机："3 道开放的列车信号只起锁闭进路作用，轨道车进入区间的行车凭证为调度命令。"

13. 13001 号调度命令加盖标准站站名印。

14. 将 13001 号调度命令交给胜任人员并通知其发车："胜任人员发 3 道 57101 次。"

15. 胜任人员与 57101 次司机核对 13001 号调度命令后向车站值班员报告："已将 13001 号调度命令交给 57101 次司机，57101 次具备发车条件。"

16. 车机联控："57101 次 3 道发车进路好了，57101 次司机标准站 3 道发车。"

17. 向 C 站报点："57101 次×点×分开。"

18. 向列车调度员报点："57101 次×点×分开。"

19. 确认列车出站后自动灭灯。

路用列车的返回：

20. 点灯：点灯按钮＋SF 进站按钮。

21. 排列接车进路，开放进站信号：车站值班员得到 57102 次司机报告返回的通知后，人工排列 57102 次 3 道接车进路，开放信号。

22. 车机联控："57102 次标准站 3 道停车。"

23. 确认 57102 次到达，向 C 站报点："57102 次×点×分到。"

24. 向列车调度员报点："57102 次×点×分到。"

25. 列车整列到达后自动灭灯。

26. 请求开通封锁区间的调度命令："标准站请求开通标准站至 C 站下行线区间的调度命令。"

27. 列车调度员发布调度命令："调度命令 13002 号，自接令时起标准站至 C 站下行线区间开通。"

28. 与列车调度员核对 13002 号调度命令；与值班干部核对 13002 号调度命令无误后签收，与 C 站核对 13002 号调度命令。

29. 摘下"封锁区间"表示牌。

30. 开启标准站至 C 站下行线区间占用逻辑检查功能。

31. 登记《行车设备检查登记簿》(加封登记)：

(1)"因关闭标准站至 C 站下行线区间占用逻辑检查功能，启封使用区间占用逻辑检查按钮，使用后计数器号码由×号变为×号"。

车站值班员：张三。

(2)"因开启标准站至 C 站下行线区间占用逻辑检查功能，启封使用区间占用逻辑检查按钮，使用后计数器号码由×号变为×号"。

车站值班员：张三。

32. 通知电务人员计数器启封登记，车站值班员签认。